Diogenes Taschenbuch 190/2

Lord Dunsany

Jorkens borgt sich einen Whisky

*Zehn Clubgeschichten
Aus dem Englischen von
Elisabeth Schnack
Zeichnungen von
Paul Flora*

Diogenes

Die vorliegenden Geschichten
wurden der englischen Originalausgabe
›Jorkens Borrows Another Whiskey‹
(Michael Joseph Ltd, London 1954)
entnommen.
Die deutsche Erstausgabe erschien 1957
unter demselben Titel im Diogenes Verlag, dann erschienen
die Erzählungen zusammen mit den
›Smetters‹-Geschichten 1965 unter dem Titel
der vorliegenden Ausgabe und 1972 unter dem Titel
›Smetters erzählt Mordgeschichten‹.

INHALT

VORWORT

Ich habe dem Buch diesen Titel gegeben, weil Whisky, wie der Leser dieser Geschichten sofort einsehen wird, einen anregenden Einfluß auf das Gedächtnis ausübt und somit zur Ursache aller Erzählungen wurde, die uns in unserm Klub unterhielten.

Und ich betone, daß sich Jorkens den Whisky nur borgte, denn vom ersten bis zum letzten Glase Whisky, das wir für ihn bezahlten, war es stets seine ehrliche Absicht, ihn uns zurückzuerstatten, sobald gewisse Dividenden, auf die er immer noch wartet, sein Bankkonto auffüllen.

Lord Dunsany

EINE WELTERSCHÜTTERNDE
ERFINDUNG

A ch, der menschliche Geist!« rief Jorkens nach einem etwas schweren Essen. »Der menschliche Geist! Wie unzulänglich! Wie furchtbar beschränkt! Ich kannte früher einen Mann, von dem mehrere seiner Freunde glaubten, er sei der intelligenteste Kopf unsrer Zeit, und, wie ich finde, mit vollem Recht. Und doch ließ er sich von den Ausführungen seines Projektes durch das Blöken eines Schafs abhalten. Ein altes Schaf blökte ihm ins Gesicht – und er gab's auf!«

»Was für ein Projekt war es?« fragte eins unserer Klubmitglieder. Jorkens hatte die Bemerkung nämlich bei uns im Klub gemacht. Vermutlich war er nach dem schweren Essen etwas niedergedrückt, wenn ich auch nicht ganz begreife, wieso eine kräftige Mahlzeit einen gesunden Magen niederdrücken kann.

»Ein überwältigendes Projekt!« rief Jorkens. »Eine Millionensache! Nein, eine Billionensache!«

»In englischen Pfunden?« fragte Terbut.

»Ja«, sagte Jorkens. »Billionen englischer Pfunde! Eine Erfindung von unglaublicher Großartigkeit, und zwar eine, die er meiner Ansicht nach bereits fertig vorliegen hatte, oder mindestens gab er sie ganz kurz vor der Vollendung auf.«

»Und nur, weil ihn ein Schaf angeblökt hatte?« fragte Terbut.

»Ja«, bestätigte Jorkens. »Der menschliche Geist ist eben so. Kleine Geister lassen sich von flüchtigen Einfällen hierhin und dorthin treiben. Aber wir sind alle gleich, große und kleine Geister. Und dieser Mann, von dem ich spreche, war genauso wenig standhaft wie jeder andere Mensch auch, ob kleinen Geistes oder nicht.«

»Erzählen Sie uns doch von seiner Erfindung!« sagte Terbut.

»Oh, es ist eine lange Geschichte, und der Mund würde einem trocken, wenn man sie erzählen sollte. Und wenn ich erst damit anfange, dann wollen Sie auch, daß ich sie bis zu Ende erzähle; daher will ich es lieber lassen.«

Terbut nickte müde und hob den Finger, bis ihm

ein Kellner zunickte. Umgehend – aber der Leser möchte vermutlich nicht jede Einzelheit aus dem Leben in unserm Klub hören, wie es sich tagein, tagaus abspielt, und deshalb will ich lieber die Geschichte erzählen, die uns Jorkens – eine Minute drauf – zum besten gab. Terbut hatte gefragt: »Hinterließ er keine Aufzeichnungen über seine Erfindung? Keine Zahlen, an die sich später andere hätten halten können?«

»Nein«, erwiderte Jorkens, »er hatte einen fabelhaften Verstand, war aber leichtfertig wie die meisten von uns und ließ sich von flüchtigen Einfällen hierhin und dorthin treiben. Idstein hieß er, ein junger Gelehrter, von dessen wissenschaftlichen Arbeiten man gerade vernommen hatte, und das Direktorium des Werks, über das ich gleich berichten werde, suchte einen jungen Mann, der eine kompetente Kraft war und eine Erfindung für sie ausarbeiten sollte. Wessen Erfindung es eigentlich war, weiß ich nicht, jedenfalls nicht Idsteins. Vermutlich war es der Einfall von ein oder zwei Herren des Direktoriums, und den jungen Idstein brauchten sie nur für die Ausführung.«

»Wenn aber«, warf Terbut ein, »das ganze Direktorium davon wußte, dann sehe ich nicht recht ein, wieso Sie behaupten können, die Erfindung sei verlorengegangen?«

»Ich sagte nicht, daß sie verlorenging. Ich sagte nur, daß das Projekt aufgegeben wurde. Ich weiß auch darüber Bescheid und kann Ihnen sagen, um was es sich handelt. Vielleicht kann dann jemand von Ihnen die Einzelheiten ausarbeiten und das Ganze in die Wirklichkeit umsetzen. Es schadet nichts, wenn ich Ihnen davon erzähle, denn die Direktion ist durch Patentrechte reichlich geschützt. Und sie würden Ihnen auch nur zahlen, was sie dem jungen Idstein versprochen hatten.

Sie ließen sich Idstein kommen und baten ihn, das Projekt für sie auszuarbeiten. Sie sagten ihm, daß sie ihm pro Stunde eine halbe Krone zahlen würden, und er könne so viele Stunden daran arbeiten, wie er wolle. Und sie versprachen ihm eine Gratifikation, wenn er die Arbeit beendet habe, und er mußte ein Papier unterzeichnen, in dem er versicherte, daß er nie weitere Ansprüche erheben würde, nachdem er die Gratifikation empfangen hätte – abgesehen von seinem täglichen Gehalt, das er natürlich für jeden Tag erhielt, den er für sie an der Arbeit war. Die Gratifikation war nicht schlecht: sie sollte eine Million betragen.

Die Erfindung, die er, wie ich schon sagte, so gut wie ausgearbeitet hatte, als er sie plötzlich aufgab, wurde vom Direktorium genauestens mit ihm durchgesprochen, als er vor ihnen erschien. Der Präsident des Direktoriums machte ihn darauf aufmerksam, die

Wissenschaft habe jetzt solche Fortschritte gemacht, daß jeder gescheite Wissenschaftler in der Lage sein sollte, nachzumachen, was die Natur mache, ja, es sogar noch besser zu machen. Idstein gab ihm begeistert recht.

›Sie wissen ja nun auch‹, fuhr der Präsident fort, ›daß verschiedene Tiere Gras fressen. Wenn man einem Kalb Gras zu fressen gibt‹, sagte er, ›dann hat sich nach einer gewissen Anzahl von Jahren das Gras in eine bestimmte Menge Rindfleisch verwandelt. Und außer dem Gras ist nichts weiter nötig, nur noch Luft und Wasser und vielleicht im Winter ein wenig Leinsamenkuchen. Wohlgemerkt also: Gras, Wasser und Luft plus vielleicht ein wenig Leinsamenkuchen vermögen sich in Rindfleisch zu verwandeln. Die Natur weiß, wie es gemacht wird. Und wenn ein Wissenschaftler nicht fähig ist, eine ähnliche Umwandlung zustande zu bringen, und zwar mit einem Hundertstel an Zeitaufwand, dann sieht sich das Direktorium zu seinem Bedauern veranlaßt, auf . . .‹ In diesem Augenblick berührte ihn ein Mitglied des Direktoriums am Arm und hinderte ihn daran, auszusprechen, was er beinahe gesagt hätte. Ich war selbst dort und konnte es genau beobachten. Ich arbeitete damals bei einer Firma in der City, und meine Firma war bereit, das Projekt finanziell zu fördern, und ich war eingeladen worden, an der Besprechung teilzunehmen.

Der Präsident hustete ein wenig, und dann fuhr er fort: ›Und durch einen andern Prozeß können Gras, Wasser und Luft in Hammelfleisch verwandelt werden, das heißt, wenn man Lämmer auf die Weide schickt. Doch ist es ein langwieriger Prozeß, und für ein solches Verfahren haben wir heutzutage wirklich keine Zeit mehr. Wir wünschen also, daß Sie das ganze Verfahren beschleunigen und aus dem natürlichen einen künstlichen Prozeß machen. Ein Wissenschaftler sollte doch bestimmt dazu in der Lage sein?‹

›Gewiß, Sir‹, erwiderte Idstein.

›Gut, dann wäre alles in Ordnung‹, schloß der Präsident. ›Wir haben Ihnen unsere Bedingungen genannt, und wir liefern Ihnen alle Geräte, die Sie benötigen!‹ Der Präsident war schon ziemlich alt und ein wenig vergeßlich; deshalb schrieb ein Mitglied etwas auf einen Briefumschlag und ließ ihn weiterreichen, um ihn an etwas zu erinnern.

›Ach ja, richtig‹, sagte der Präsident. ›Das wäre natürlich eine ganz bedeutende Leistung. Aber es ist nur die Hälfte von dem, was Sie für uns zu tun hätten. Wir verlangen auch von Ihnen, daß Sie Gras auf die gleiche Weise erzeugen, wie Sie etwa Hammelfleisch erzeugt haben. Gras ist weiter nichts als ein Bodenprodukt, entstanden aus Erde, und von der Natur auf eine Art hervorgebracht, die nachzuahmen der Mensch bisher vernachlässigt hat – oder die nachzuahmen er bisher nicht fähig war. Nun muß aber doch gewiß die Zeit bald reif sein, in der wir zu intelligent geworden sind, um derlei Dinge noch der Natur zu überlassen. Könnten Sie nicht die Methode herausfinden, mittels der die Natur Erde in Gras verwandelt? Sie brauchen weiter nichts zu tun, als Erde und Gras zu analysieren und nachzuschauen, wie die Umwandlung zustande kommt. Unter Mithilfe von Wasser und Luft wiederum, das ist klar. Wir möchten, daß Sie eine Maschine konstruieren, in die unsere Arbeiter Erde hineinschaufeln, die als Hammelfleisch wieder herauskommt, falls wir nicht Rindfleisch vorziehen. Und deshalb müßten wir noch auf einem Schalthebel bestehen, mit dem wir auf eine der beiden Fleischsorten einstellen könnten – etwa so wie am Radio. Das sollte ganz einfach sein.‹

›Oh, gewiß, Sir‹, sagte Idstein.

›Ich glaube, meine Herren‹, sagte der Präsident zu den Herren des Direktoriums und räusperte sich, ›ich glaube, das wäre alles, wie?‹ Ein leises Gemurmel am Vorstandstisch bestätigte ihm, daß er nun alles über die neue Erfindung mitgeteilt hatte.

Idstein ging also fort und machte sich an die Ausarbeitung des Projekts. Ein ausgezeichnetes Laboratorium wurde ihm zur Verfügung gestellt, und er arbeitete nur ein knappes Jahr darin. Ich glaube, die erste Hälfte der Erfindung glückte ihm fast umgehend. Und wie ich hörte, war auch die zweite Hälfte kurz vor der Fertigstellung. Deshalb begab er sich zu einem Spaziergang nach Kent, um sich den Kopf etwas zu lüften und um über den Bericht nachzudenken. Denn ich glaube, die schwere Arbeit, ich meine, der wissenschaftliche Teil, war fertig, und nur noch die schriftliche Arbeit verblieb, nämlich die Abfassung des Berichts. Er fuhr also aufs freie Land hinaus, wo nichts von den Vororten zu sehen war, nur die weiten Felder, die von kleinen Haselnuß-Gebüschen eingefriedet werden. Und so gelangte er zu einer Wiese und lehnte sich an ein Gatter und ruhte sich aus. Es war Sommer, und die Butterblumen und ähnliches Zeugs blühte, und alles glänzte in der Sonne, und das wellige Gelände dehnte sich weithin in grünen Wogen bis zum Horizont. Und auf der Wiese weideten Schafe, und Idstein mußte plötzlich an seine Jugend denken und wurde sentimental. Als Idstein ein Kind war, trugen die Schafböcke noch Glöckchen, und er hatte sie in den Wiesentälern läuten gehört, während er dasaß und Blumen pflückte. Und die Erinnerung daran hatte sich so in seinem Geiste festgesetzt, und dazu noch eine Menge andere unnütze Dinge: Falter, die um die Blüten schwirren, Glühwürmchen in Sommernächten, Heckenrosen und Brombeerranken und später dann die Brombeeren, die schwarz wie Kobold-Augen funkeln, und kleine Walderdbeeren und Skabiosen, die sich über Grashalmen wiegen, und dazwischen der dunkelgrüne Wiesenknopf mit den scharlachroten Tupfen, und Reseda und Margeriten und noch viele andere Blumen, und Schmetterlinge, ganz besonders die Bläulinge, die über die Kreidefelsen flattern, und dann Nächte voller Eulenschrei, weit über ferne Täler hin. Und dieser ganze Müllkübel voll Erinnerungsfetzen war durch das verdammte Blöken eines Schafes wieder an die Oberfläche gelangt, und Idsteins genialer Geist hörte sofort auf, intelligent zu denken, und statt dessen dachte er, die alten Zeiten mit ihren alten Methoden seien doch besser gewesen, und er wollte wieder die Schafe auf den Wiesen blöken hören, anstatt eine Million für seine eigene Tasche und Tausende von Millionen für das Direktorium zu verdienen, das ihn bisher wirklich hochanständig behandelt hatte. Also ging er schnurstracks heim und zerriß seine Papiere und verbrannte jeden Zettel.

Die Erfindung wartet aber immer noch auf jemand, der wissenschaftlich befähigt ist und doch einen Geist hat, welcher kindlichen Gefühlen nicht nachgibt und hierhin und dorthin schwankt, sondern der einfach eine Maschine herstellt, die Billionen wert ist. Ich glaube, viele Einzelheiten könnte ich selbst angeben. Aber jetzt habe ich mir den Mund schon wieder ganz trocken geredet. – Ah, danke sehr!«

EINE GANZE MENGE
DIAMANTEN

Eines Tages im Klub sagte einer von uns zu Jorkens: »Ich erinnere mich, daß Sie uns einmal eine recht seltsame Geschichte von einem großen Diamanten erzählten.«

»Ach ja«, sagte Jorkens, »ein bißchen seltsam war sie wohl . . . «

Die an Jorkens gerichteten Worte sollten offenbar dazu dienen, ihn zu einer weiteren Erzählung anzuregen, denn wir hatten einen trüben Londoner Tag, und jede Geschichte, die in Afrika oder sonst irgendwo in der Sonne spielen mochte, war ausgesprochen erwünscht. Und Jorkens fand das wohl auch, denn er redete sogleich weiter:

»Tja, und einmal sah ich sogar eine ganze Menge Diamanten. Ich könnte Ihnen erzählen, wie es mir dabei erging, falls Sie es hören wollen?«

»Ja, Jorkens, nur zu!« riefen einige von uns.

»Gut. Eines Tages also war ich in Durban, oder vielmehr etwas außerhalb, in Berea, einem Bezirk mit parkähnlichen Hängen, wo die Mondblume wuchs und der Jacaranda-Baum und noch viele, viele andere Pflanzen, die ich nicht mal dem Namen nach kenne. Es war einfach ein Blütenmeer, und zwischen den Halmen sah man in der Ferne die blaßblauen Berge. Und dort lernte ich also eine Dame kennen, die aus dem Innern hergereist war, wo sie sozusagen den größten Teil ihres Lebens verbracht hatte.«

»Aus dem Innern?« fragte einer von uns ziemlich wißbegierig. »Wo war denn das?«

»Gerade das«, erwiderte Jorkens, »wollte sie mir nicht verraten. Ich gebe Ihnen gerne jede Einzelheit an, die mir bekannt ist. Es hat ja keinen Zweck, über ein Land zu sprechen und nicht zu sagen, wo es gelegen ist – aber gerade diese Einzelheit hat mir die Dame nicht verraten wollen. Sie hatte komische Ansichten über die Schwarzen, diese Dame. Glaubte, die Weißen beuten sie nur aus und verkaufen ihnen schlechte Lebensmittel und machen sie von der gesunden Kernkost abwendig, die ihre Weiber in Handmühlen zerkleinern; und sie wollte nichts tun, was ihnen zum Schaden gereichte. Sie hatte sie verarztet und ihnen auch sonst noch geholfen, auf alle erdenkliche Art, ja, und recht ulkig. Und sie hatte Diamanten bei ihnen gesehen und wollte nicht sagen, wo. Ich erinnere mich nicht mehr recht, wie das Gespräch auf Diamanten kam, aber als wir davon sprachen, redete sie gerade so, als ob es sich um Eidechsen oder Stalaktiten oder sonst etwas handle, was einem so auf Reisen an Sehenswürdigkeiten begegnet – und nicht um einen Handelsartikel von hohem Geldeswert.

Eine merkwürdige Frau war das. Schien sich um nichts weiter zu sorgen als um Gesundheit und Wohlergehen einer Schar Bantu-Neger, aus denen sich doch bei uns kein Mensch etwas macht. Wenn sie jedoch nicht sehr auf der Höhe schien, sobald es sich um Diamanten als Wertobjekt handelte, so war sie sofort sehr auf der Höhe, wenn sich die Frage erhob, wo man sie finden könne. Und das war nun mein kleines Problem. Ich ließ mir mit keiner Silbe anmerken, daß ich gerne wissen wollte, wo man sie finden konnte, und ich ließ mir's auch nicht anmerken, daß ich mich überhaupt dafür interessierte. Ich ging so schnell wie möglich zu einem andern Gesprächsstoff über, einem ihrer Lieblingsthemen, nämlich afrikanischer Musik. Darüber sprach ich gut eine Stunde mit ihr, oder vielmehr, ich hörte ihr zu, und den ganzen Tag erwähnte ich die Diamanten mit keiner Silbe. Am nächsten Tag traf ich sie wieder: ich besuchte sie in dem Haus, in dem sie zu Gast weilte, einem Häuschen mit Garten, und wir saßen auf der Veranda und sprachen wieder von Musik. Und sie sang mir eins von jenen eigentümlichen afrikanischen Liedern vor. Ich bewegte sie dazu, es mir ein zweites und auch noch ein drittes Mal vorzusingen, und erst dann begann ich ein leises Interesse für das zu zeigen, was Sie vorhin von mir wissen wollten, nämlich, in welcher

Gegend sie zu Hause war. Doch im gleichen Augenblicke verstummte sie, machte einfach den Mund zu und summte die Melodie vor sich hin und sagte, es sei schönes Wetter. Nun kann man solche Bemerkungen wohl in London machen und sagen, es sei schönes Wetter, denn hier ist es selten und daher der Mühe wert, darauf hinzuweisen. Doch daran, daß sie es in Natal sagte, merkte ich, wie sehr sie mich zum besten hielt, und daß sie gar nicht so töricht war, wie ich anfangs geglaubt hatte, und daß es für mich nichts zu hoffen gab. Doch ich hatte das Lied. Sie hatte es dreimal gesungen, und ich hatte es im Kopf – eine seltsam beunruhigende Melodie, ein Lied, bei dem man an Abende an Flüssen denkt, die durch tiefe Schluchten fließen und an denen man Wild und unbekannte Vögel trifft. Noch heute kann ich mich an die Melodie erinnern. Sie hatte die Lieder vieler Gegenden gesammelt, doch dies hier war das Lied des Diamanten-Landes, wenn ich es einmal so nennen darf. Aber nie gab sie mir den leisesten Anhaltspunkt, wo es wohl liegen könne. Sie sprach so offen und auch so lebhaft, daß es lange dauerte, bis man merkte, wie trügerisch ihr Wesen war. Nicht ein einziger Anhaltspunkt, aus dem man hätte entnehmen können, ob sie von Norden, Westen oder Osten kam. Einerlei, was sie mir erzählte, sie hätte geradeso gut aus dem Meer stammen können.

Aber eins hatte ich: ich hatte das Lied! Ein Jahr lang bereiste ich nun Süd-Afrika. Ich hatte einen Kap-Wagen und acht Ochsen als Gespann. Ich reiste ganz allein. Es wäre nicht richtig gewesen, jemand mitzunehmen. Ich bin in meinem Leben vielen sehr zuverlässigen Menschen begegnet, denen man in den meisten Fällen unbedingt vertrauen kann; Diamanten jedoch sind etwas Besonderes, und es wäre nicht recht gewesen, andere so in Versuchung zu führen. Daher ging ich allein.

Das Bantu-Völkchen ist fröhlich und musikalisch. Ich hörte sie oft singen. Und eines Tages dann, nach einem Jahr Herumreisen, hörte ich das Lied. Ein Zulu sang es eines Abends auf dem Heimweg zum Kraal. Doch das war natürlich nicht das Ende meiner Reise. Mit meinem Planwagen fuhr ich über das ganze Veldt in die Kreuz und Quere, lebte von Biltong, dem Trockenfleisch, oder von frischem Fleisch, das ich mir erlegt hatte, und hörte noch einmal das Lied, und dann eine Woche lang gar nicht mehr, und dann ein drittes Mal. Danach reiste ich vierzehn Tage lang und geriet gänzlich aus seinem Bereich und kehrte wieder um. Und auf diese Art erhielt ich allmählich einen recht guten Begriff von der Heimat des Liedes. Aber wie die Gegend hieß, könnte ich nicht sagen, auch nicht, wie man hingelangt, denn ich geriet rein zufällig hin, nachdem ich lange hin- und hergefahren war, und ich glaube, daß mich schließlich die Sterne und mein Glück dort hinbrachten. Es war ein ziemlich kleines Gebiet. Und nun begann ich, es zu erforschen. Das erforderte nicht sehr viel Zeit, denn ich brauchte ja nur nach abgelegenen Stellen zu suchen, Stellen, die sich nicht in der Nähe von Karrenwegen und Wasserlöchern befanden. Und so entdeckte ich eines Tages ein langes schmales Felsental, und zwei Klippenwände bildeten den engen Zugang, der fast einem hohen Tor glich. Hinter diesem Felsentor verbreiterte sich das Tal ein wenig, aber nicht sehr, und es war trocken und steinig, und fast alle kleineren Steine waren Diamanten. Sie waren von blaßblauer Tönung, lauter echte Diamanten. Außen waren sie bräunlich, genau wie die andern Felsen und wie übrigens alles Gestein im Süden Afrikas. Ich zertrümmerte einen Stein, indem ich ihn auf einen andern warf, und da sah ich es, innen war er durch und durch blaßblau und schimmerte klar wie Meerwasser. Natürlich sieht man blaue Diamanten nur sehr selten, und Diamanten von solcher Größe überhaupt nie. Und dort lagen sie zu Tausenden. Daher faßte ich umgehend einen Plan, und mein Plan ging einfach dahin, mir den Ochsenwagen gehörig mit Diamanten vollzuladen und nie wiederzukommen. Wenn ich den Markt einmal mit diesen Diamanten überschwemmt hatte, würde man mich für den Rest meines Lebens beobachten, und ich wußte, was geschehen würde, sobald ich zurückkehrte: dann würden auch andere mit ihren Ochsenwagen hinfahren, und im Nu würde aus dem Felsental eine Stadt werden. Ich bin jedoch grundsätzlich gegen Menschenansammlungen, besonders, wenn Diamanten offen herumliegen, und deshalb also mein Plan. Die Sonne neigte sich schon dem Untergang zu, als ich ins Diamantental kam, und da es in jener Gegend kein Zwielicht gibt, kehrte ich zu meinem Wagen zurück und machte Feuer und setzte einen Kessel mit Teewasser auf und kochte mir eine gute Kanne Tee und ein Abendessen, und während ich aß, dachte ich über meinen Plan nach. Und natürlich dachte ich auch noch an anderes. Ich dachte daran, mir in London ein nettes großes Haus zu kaufen, oder vielleicht zwei nebeneinanderliegende Häuser, wenn eins nicht groß genug wäre: man konnte ja ein Loch durch die Wand schlagen und so eine Verbindung herstellen, und dann eine Haustür mit netten Marmorsäulen. Und ich dachte an all den Spaß, den ich mir dort leisten konnte. Alles mögliche wollte ich unternehmen, Dinge, auf die andere Leute, die es sich leisten können, doch nie verfallen würden, aber ich dachte sie mir alle aus, dachte sie mir in jener Nacht aus, als ich mit meinem Feuer und den Sternen allein saß. Denen erzählte ich alles, erzählte es dem Feuer und den Sternen. Und das Feuer kicherte, und die Sterne blinzelten. Das Feuer wurde bald müde und gab das Kichern auf, aber die Sterne nicht: sie blieben, wo sie waren, und hörten sich alles an, was ich sagte, und blinzelten mir zu, während ich sprach. Und einer von den Sternen kam im Laufe der Nacht zu mir nach unten und wollte mich vor etwas warnen. Sie werden sicher einwenden, so etwas müßte ich wohl geträumt haben, und das stimmt vielleicht. Aber während ich noch hellwach war, fiel bestimmt einer herunter. Gleißend fuhr er den Himmel hinab. Und bestimmt sprach er etwas zu mir. Doch das kann auch ein Lüftchen gewesen sein, wie sie immer des Nachts auf dem Veldt tuscheln, oder es kann ein Tier gewesen sein: ich weiß es nicht, was es war. Jedenfalls antwortete ich und sagte: ›Ich brauche weder Rat noch Warnung von euch. Ich habe ein Vermögen von hundert Millionen Pfund und brauche von niemandem Rat.‹ Und da verschwand es. Und ein Vogel sang, und der Morgen kam, und das Feuer wurde grau, und die Sterne waren nicht mehr da.

Ja, und dann machte ich mir mein Frühstück und ging zu Tal, immer noch mit der Überzeugung, daß ich niemandes Rat brauche, obwohl ich mich gut erinnern konnte, daß mich etwas hatte warnen wollen, ob nun ein Sinn dahinter steckte oder nicht. Nein, es steckte kein Sinn dahinter, sagte ich mir. Es war nur der Wind. Etwas anderes kann es nicht gewesen sein. Ich ging also zu Tal und trat durch das enge Felsentor, und da war der Boden mit Diamanten übersät. Das erste, was ich tat, war natürlich, daß ich die Länge des Tales abschritt, denn es zog sich etwa zwei Meilen hin. Und auf der ganzen Strecke fand ich Diamanten. Ein sehr schmales Tal, wie ich schon sagte, und überall, wo der Talboden flach war, lagen die Diamanten. Ich ging den Talgrund entlang, ging fast eine Meile auf Diamanten, und dann widerfuhr mir der erste Schreck. Dreimal bekam ich an jenem Morgen einen großen Schreck – das erste Mal, als ich auf eine runde graue Stelle auf dem Boden stieß – Anzeichen, daß sich hier vor langer Zeit Weiße ein Feuer gemacht hatten. Dann ging ich eine halbe Meile weiter und bekam wieder einen Schreck, denn da waren die Überreste eines zweiten alten Camp-Feuers. Und noch ein wenig weiter, und ich stieß auf ein drittes Feuer. Drei Lagerfeuer, und jedesmal von einem andern Menschen.«

»Waren es jedesmal Weiße gewesen?« fragte Terbut.

»Ja, jedesmal«, antwortete Jorkens.

»Und woher wußten Sie das?« erkundigte sich Terbut.

»Weil sie etwas gegessen hatten, womit sich Weiße ernähren. Es lagen Konservenbüchsen herum, mit komischen Schildern und mit Namen wie Teeo und Kaffio und Fleischio. Mal werden auch die Schwarzen so etwas essen, aber bis jetzt haben sie's noch nicht gelernt, und einstweilen sind solche Dinge noch das Vorrecht des weißen Mannes.«

»Und woher wußten Sie, daß es nicht jedesmal ein und derselbe Mann gewesen war?« fragte Terbut weiter.

»Oh, weil sie immer ganz verschiedene Konserven benutzt hatten«, erwiderte Jorkens. »Man hätte fast behaupten können, sie gehörten ganz verschiedenen Gesellschaftsklassen an. Jedenfalls waren es drei ganz verschiedene Männer. Und es gab mir zu denken. Ich sah sofort, daß nur zwei Alternativen möglich waren, zwei auf der Hand liegende: entweder hatten sie die Diamanten überhaupt nicht angerührt, oder sie hatten sich jeder welche mitgenommen. Doch nie waren auf dem Diamantenmarkt blaue Diamanten in Fülle aufgetaucht, und vor allem nicht von solcher Größe. Ich wußte es ganz genau, und das war weiter kein Geheimnis: wer überhaupt ein wenig von Diamanten verstand, wußte zumindest dies. Wenn also drei Männer Diamanten mitgenommen hatten, waren sie niemals bis zu einer Stadt gelangt. Würde *ich* je zu einer Stadt gelangen, wenn ich versuchte, was ihnen mißlungen war? So überlegte ich, während ich die zweite Alternative in Betracht zog. Für etwa hundert Millionen Pfund war es schon der Mühe wert, etwas zu wagen. Doch schien es mir, als stünden die Dinge drei zu null gegen mich. Ich dachte über die erste Alternative nach: wie, wenn alle drei Männer beschlossen hätten, die Diamanten lieber dort zu lassen, wo sie lagen? In dem einen Falle waren sie offensichtlich von etwas überrascht worden, um das sie nicht gewußt hatten. Doch im andern Falle wußten sie etwas. Und dieses bißchen Wissen war ihnen mehr wert gewesen als hundert Millionen Pfund. Und vielleicht wäre es auch für mich mehr wert. Wer waren diese Männer, deren Rat ich befolgte, wenn es ein Rat war? Keinen von ihnen hatte ich je im Leben gesehen, und ich wußte nur, daß sie in dem engen Felsental kampiert und was sie gegessen hatten. Ich wollte keinen Rat und keine Warnung von den Sternen annehmen, aber von den drei Männern – ließ ich mir Rat und

Warnung gesagt sein. Wenn sie versucht hatten, zu einer Stadt zu gelangen und niemals hingelangt waren, dann war es eine Warnung, die sie mir zuriefen. Und wenn sie einen Grund wußten, weshalb man es lieber nicht versuchen sollte, dann befolgte ich ihren Rat. Ich glaube sicher, daß seither noch ein paar Leute in jenes Tal kamen. Und doch sind auf dem Londoner Diamanten-Markt keine blaßblauen Diamanten erschienen, die größer als Golfbälle waren. Ich weiß auch nicht, weshalb.«

DAS SIVVER-VERRI

Nichts liegt mir ferner, als den Klub kritisieren zu wollen, dessen Mitglied ich bin. Und doch muß ich feststellen, daß der Billard-Klub den Jorkens-Geschichten gegenüber eine Haltung einnimmt, die nicht immer ganz fair ist. Sie läßt sich am ehesten durch das Wort ›Zweifel‹ kennzeichnen und hat dann solche Bemerkungen zur Folge, wie sie neulich von einem jungen Golfspieler namens Chegley gemacht wurden.

Er sagte: »Anscheinend gibt es in Afrika nichts, das Sie nicht schon gesehen haben, Jorkens!«

»Im Gegenteil!« erwiderte Jorkens.

»Ich meine, nichts, das nicht andern Reisenden auch zugänglich wäre.«

»Doch«, sagte Jorkens. »Ich habe noch nie ein *Sivver-Verri* zu Gesicht bekommen.«

»Was ist das, ein *Sivver-Verri?*« fragte Chegley.

Und wir rückten alle neugierig näher, um uns von einem Tier in Afrika erzählen zu lassen, das Jorkens noch nicht gesehen hatte.

»Das *Sivver-Verri*«, begann Jorkens, »wird von den Eingeborenen als ein ausgesprochen unangenehmes Vieh bezeichnet. Das habe ich selber in Kenya gehört. Die Samburus kennen es, und die Kikuyus, und natürlich die Wandoroboes. Und sogar bei den starken Masai traf ich Männer an, die sich vor dem *Sivver-Verri* fürchteten. Als ich erfuhr, daß sich die Masai vor ihm fürchteten, da wußte ich sofort, daß es eine greuliche Bestie sein müsse. Aber was das Eigentümliche an all den Geschichten war, die ich über das Vieh hörte (abgesehen von der einen, die ich Ihnen gleich erzählen werde) – keiner konnte behaupten, das *Sivver-Verri* je gesehen zu haben. Es war ein Tier, das die Schilfhütten nur selten und nur bei Nacht überfiel. Dann aber brach es durchs Dach ein. Und keiner kam mit dem Leben davon.

All das hatte ich schon öfters gehört. Als nun eines Tages einige Passagiere im Rauchsalon eines Schiffes, das die ostafrikanische Küste hinabfuhr, vom *Sivver-Verri* sprachen, da spitzte ich die Ohren, obwohl ich es für unwahrscheinlich hielt, daß ich etwas Neues erfahren würde. Im Gegenteil, ich war schon darauf gefaßt, daß vielleicht ich etwas würde erzählen können, das ihnen neu war – und das scheint sich bei mir zu einer leidigen Gewohnheit ausgewachsen zu haben, sobald das Gespräch auf Afrika kommt.«

»Oh, durchaus nicht!« riefen ein paar Klubmitglieder, die das Gefühl hatten, eine derartige Bemerkung sei jetzt angebracht. Andere dagegen grunzten nur wohlwollend. Und Jorkens fuhr fort:

»Ich erinnere mich noch deutlich an die großen blauen Scheiben und das eigenartige Licht im Rauchsalon, an den Sonnenuntergang, den wir durchs Steuerbordfenster sahen, und wie dann auf der andern Seite die dunkle Sternennacht hereinschien, und an verschiedene Bemerkungen, die über alles Mögliche und Unmögliche in der Welt geäußert wurden – und endlich kam das Gespräch auf das *Sivver-Verri*.

Zwei Herren, die die Wandoroboe-Sprache kannten, erzählten, wie verstohlen und erbarmungslos das *Sivver-Verri* vorzugehen pflegt, und wie es unbedingt vermeidet, von Menschen gesehen zu werden, seine Opfer ausgenommen. Andere kannten nur Suaheli, die gebräuchlichste Sprache in Ostafrika, und was sie gehört hatten, war bei weitem nicht so unheimlich wie die Geschichten der beiden, die bei den Wandoroboes gewesen waren. Sie berichteten, was sie von diesem heimtückischen Tier gehört hatten, das sich bei Nacht durchs Schilfdach der Hütten stiehlt, keinen der Bewohner am Leben läßt und frißt, soviel es nur kann. Vor Morgengrauen ist es schon meilenweit weg, in einem andern Teil des Urwaldes.

Ich war, glaube ich, drauf und dran, ihnen etwas von diesem Tier zu erzählen, das noch kein Eingeborener Afrikas gesehen hatte, als mir auf einmal der

Atem stockte. Buchstäblich stockte. Ich vergaß zu atmen!

Ein kleiner Mann mit kurz gestutztem grauen Bärtchen, der bis jetzt noch kein Wort geäußert hatte und den ich im stillen für einen kleinen Landarzt hielt, der *die* Weltreise seines Lebens machte – also der sagte plötzlich:

›Ich habe es gesehen!‹

›Sie haben das *Sivver-Verri* gesehen?‹ fragten wir.

›Ja, ich habe es gesehen‹, wiederholte er.

Und dann erzählte er uns vom *Sivver-Verri*, er, der einzige Mensch auf der Welt, der sagen kann, es erblickt zu haben. Da sehen Sie nun, daß es Dinge in Afrika gibt, die ich nicht zu Gesicht bekommen habe. Ich erwähne das nur, damit Sie nicht etwa denken, ich behaupte, *alles* gesehen zu haben.«

Wieder gaben wir das erwartete Stimmengemurmel ab.

»Ich behaupte es nicht, weil es nicht der Wahrheit entspräche«, wiederholte Jorkens.

»Natürlich, ja«, riefen wir.

»Das *Sivver-Verri* habe ich also nie gesehen! Der Mann mit dem grauen Bärtchen und der braunen Gesichtsfarbe saß an der Wand und sprach von dem schlechten Ruf, in dem das Vieh seit jeher stand – lauter Dinge, die er von den kleinen Waldmenschen gehört hatte, die ihre Honigtöpfe mit vergifteten

34

Pfeilen sichern. Die Waldmenschen hängen nämlich große Töpfe in die Baumkronen, und die wilden
Bienen füllen sie mit Honig.

Viele der Geschichten, die er vom *Sivver-Verri*
erzählte, hatte ich schon bei den Samburu und Masai
gehört, andere dagegen waren mir ganz neu. Doch
alle stimmten sie darin überein, daß das *Sivver-Verri*
verstohlen und flink und erbarmungslos vorgehe,
und daß kein afrikanischer Eingeborener es je gesehen habe. Und doch hatten sie sich ein Bild von ihm
gemacht. Wenn man nämlich alle Einzelheiten an-
einanderfügte, so ergab es sich, daß das Tier ein
bärenhaftes Aussehen haben müsse. Das glaubten
jedenfalls die Eingeborenen. Aber wie sie auf die
Idee gekommen sind, das mag der liebe Himmel
wissen, da sie ja nichts von ihm gesehen hatten als
die Spuren seiner ungeheuren Stärke und Gewandt-
heit.

Der Mann, der uns alles erzählte, hieß Polder,
wie ich mich jetzt entsinne. Und einmal war er eben
auf seinen Reisen in eine Ecke Ostafrikas gekommen, wo das *Sivver-Verri* gerade schreckliche Ver-
heerungen anrichtete. Besonders in einem kleinen
Dorf am Rande des Urwaldes erschien es fast jede
Nacht. Die Dorfleute bauten in die Schilfwände
ihrer Hütten starke Balken ein, aber das *Sivver-Verri*
kletterte hoch und riß ein Loch ins Dach, schlüpfte

ins Innere, tötete alle Insassen und fraß gewaltige Mengen. Dabei verfuhr es so leise, daß keiner in den andern Hütten etwas vernahm.

›Warum schrien denn die andern Menschen in der betreffenden Hütte nicht um Hilfe?‹ wurde Polder gefragt.

›Die gleiche Frage habe ich den Eingeborenen auch gestellt‹, entgegnete Polder, ›und sie haben mir immer eine gewundene Antwort gegeben. Aber soviel habe ich mir noch zusammengereimt, daß man einfach nicht schreien *konnte*, wenn man das *Sivver-Verri* erblickte.‹

›Warum nicht?‹ wurde Polder gefragt.

›Wahrscheinlich sah es entsetzlich aus‹, erwiderte Polder. ›Vielleicht waren sie vor Schreck wie gelähmt – nur eine Sekunde lang –, und dann war's schon zu spät.‹

›Aber Sie‹, riefen alle einstimmig, ›was machten Sie denn, als Sie es zu Gesicht bekamen?‹

›Ach, ich glaube, wir Europäer sind etwas beherzter‹, entgegnete Polder. ›Ich spürte es wohl, gewiß spürte ich's auch, aber wir sind eben beherzter. Doch kann ich mir gut vorstellen, was die armen Teufel meinten. Die Bewohner dieser kleinen Schilfhütten baten mich nun also, sie von dem Vieh zu befreien, und ich sagte, daß ich es erschießen würde. Aber da protestierten sie. Mit einem Gewehr könnte ich da nichts ausrichten, denn man könnte ja das *Sivver-Verri* nicht sehen. Sie wollten eben Magie haben‹, fuhr Polder fort, ›ich dagegen versteifte mich darauf, das Ungeheuer zu erschießen. Ich wußte nämlich, daß es nur bei Nacht auf Raub ausging, und darum hatte ich mir ausgedacht, ihm aufzulauern, wenn es sich wieder davonschliche. Und bei einigem Glück bekäme ich's vielleicht in der Morgendämmerung doch zu Gesicht. Es kam aber weniger auf Glück als auf die Vorbereitungen an‹, sagte Polder. ›Östlich der Hütten war der Wald nicht ganz so tief, und dort war eine Stelle, wo ich mich verstecken konnte: dem Dorf gegenüber, rechts vor mir die Ebenen, links ein großer Sumpf. Der Wald war sehr dicht, das erschwerte mein Vorhaben, doch andererseits war das auch für das *Sivver-Verri* ungünstig, dem dadurch nur die wenigen vorhandenen Fährten übrigblieben, denn sonst konnte es nicht in den Wald eindringen. Ich fand eine ideale Stelle‹, erzählte Polder. ›Hinter mir, undurchdringlich dicht, erhob sich der Urwald, der sich, soviel ich weiß, längs des ganzen Aequators bis zum Meere hinzieht. Ungefähr eine Meile vor mir lag das Dörfchen. Ein immer schmaler werdender Waldstreifen erstreckte sich bis zum Dorf und verlor sich jenseits in der Ebene. Daß das *Sivver-Verri* gegen Morgen nach beendetem Mahle nicht in die Ebene zurückkehren würde, darauf konnte ich mich verlassen, denn es haust nur im dichtesten Urwald, und der lag hinter mir.

Zu meiner Rechten hatte ich viele Feuer anzünden lassen, so daß es dort nicht durchschlüpfen konnte. Linker Hand waren die Sümpfe, und daß es dort nicht durchbrechen würde, wußte ich, denn da hätte es das Geplätscher verraten. Im Wald waren keinerlei Pfade, nur die Wildwechsel. Das *Sivver-Verri* aber hat keine eigene Fährte, dazu ist es viel zu vorsichtig. Ich suchte eine Spur, von der ich annehmen konnte, daß das Biest sie benutzen würde: eine Rhinozeros-Fährte, die zwischen Sumpf und Ebene ins Freie mündete. Sonst gab es nur noch zwei andere Wildwechsel, die es vielleicht hätte benutzen können, und dort stellte ich zwei Eingeborene auf. Erst weigerten sie sich; da erlaubte ich ihnen ein kleines Feuer.

Ich begab mich nach Mitternacht in den Wald, denn vorher kam das *Sivver-Verri* doch nicht. Wenn es von den Hütten zurückkehrte, was hoffentlich erst im Morgengrauen der Fall war, wollte ich es abfangen. Ich nahm also mein Abendessen besonders spät ein und ging gegen ein Uhr in den Wald. Ein Wandoroboe trug eine Laterne vor mir her, um mir den Weg zu zeigen. Als wir an der Rhinozeros-Fährte angelangt waren, ließ er mich allein und nahm auch die Laterne wieder mit. Denn wenn er auch im Dunkeln so gut wie eine Hyäne sehen konnte, wagte er es doch nicht, allein durch einen Wald zu streifen, in dem das *Sivver-Verri* zugange war. Als er fort war, wünschte ich ihn fast wieder zurück.‹

Und das war gewiß komisch«, unterbrach Jorkens seinen Bericht, »denn der Großvater jenes Eingeborenen war bestimmt noch ein Kannibale gewesen, und sein Vater wahrscheinlich auch. Und mit so einem war Polder allein im Urwald und vermißte ihn hinterher sogar. Da sieht man, was für Wünsche der Mensch manchmal haben kann!

›Ich hatte ein Gewehr mit sechs Patronen‹, erzählte Polder weiter, ›und stand nun da und lauschte, daß ich selbst eine Maus hätte hören müssen. Aber kein *Sivver-Verri* erschien. Es mußte sich einfach überfressen haben an Blut, solch ein grausiges Mahl hatte es die Nacht davor abgehalten. Gegen Morgen ging ich zu den Hütten, und die Männer sahen mich ängstlich an, und die Frauen und Kinder wagten sich nicht einmal aus den Hütten, obwohl das natürlich gar keine Rettung vor dem *Sivver-Verri* bedeutete, denn es kletterte ja durchs Dach und erwischte sie doch. Die Männer sagten wenig. Ich schüttelte nur den Kopf und bestätigte, daß es nicht gekommen war. Dann suchte ich mein Zelt auf, um den Schlaf nachzuholen. Das Zelt war draußen in der Ebene aufgeschlagen, neben dem Sumpf, aber auf etwas erhöhtem Boden, wo die Moskitos nicht so lästig waren.

Am Nachmittag erwachte ich und ging wieder in den Wald, um alles zu inspizieren, damit es für die Nacht in Ordnung war. Danach wandte ich mich ins Dorf und versprach den armen Burschen nochmals, daß ich das *Sivver-Verri* sehr bald abschießen werde. Unterwegs traf ich den Medizinmann, der dort herumlungerte. Einen so teuflisch aussehenden Halunken hatte ich noch nie zu Gesicht bekommen. Er warf mir einen giftigen Blick zu und schnitt eine noch greulichere Fratze. Vielleicht war er eifersüchtig auf mich, dachte ich. Und der Gedanke war gar nicht von der Hand zu weisen, denn die Eingeborenen hatten einen Zauber verlangt, und ich mit meiner Flinte muß ihm vorgekommen sein wie ein Mann, der mit einem Maschinengewehr auf die Fasanenjagd geht.

Jedenfalls hab ich vergessen, was ich zu dem Medizinmann sagte, und er verdrückte sich wie ein böser Geist, nur nicht so lautlos, denn er rasselte mit all seinen Menschenknochen, die er um Hals und Hüften trug.

In der Nacht versuchte ich's wiederum und wartete an der Rhinozeros-Fährte; an den andern beiden Fährten und in der Ebene brannten Feuer, neben denen ein paar Männer wachten, das heißt, nur in der Ebene, im Wald fürchteten sie sich zu sehr.

Es waren scheußliche Nächte, die wir so mit vergeblichem Warten verbrachten. Wenn das Vieh kommt, ist man natürlich sofort hellwach, aber wenn man umsonst wacht, ist's eine schreckliche Nervenbelastung. Gegen Sonnenuntergang schlenderte ich hin, und die Geräusche des Tages erstarben plötzlich, und die Hyänen begannen zu heulen, und die Nacht wurde von allem Getier begrüßt, das im Finstern lebt – vom Löwen bis zum Nachtschmetterling. Von den Wachtfeuern war keins zu erblicken, mein einziges Licht war der Schimmer der Feuerfliegen. Ich sagte mir, daß die ungeheuren Mahlzeiten, die das *Sivver-Verri* vertilgte, einige Zeit erforderten, und da es erst spät erschien, wenn jeder eingeschlafen war, würde es bestimmt Morgen werden, ehe es in den tiefen Urwald zurückkehrte. Und das stimmte denn auch, wie sich's bald zeigte. Wenn auch nicht in dieser Nacht.

Am nächsten Tag schlief ich etwas länger, und nachher kam mir wieder der Medizinmann in die Quere, der mit seinen Zauberknochen rasselte. Mit einem häßlichen Grinsen verschwand er zwischen den Bäumen. Als ich bei den Hütten anlangte, um mich wegen der vergangenen Nacht zu erkundigen, erfuhr ich, daß kein Blut vergossen worden war. Eigentlich ein gräßlicher Gedanke, daß der einzige Köder für das *Sivver-Verri* Menschenfleisch war: lebendige Männer, Frauen und Kinder! Aber das konnte ich nicht ändern. Wenn ich im Dorfe blieb, um die Hütten zu bewachen, dann würde ich nicht zu Schuß kommen, da es ja stockdunkel war. Und wenn ich ein Feuer anzündete, verscheuchte ich das *Sivver-Verri*, und später würde es dann doch ein Blutbad anrichten. Die armen Burschen waren überzeugt, daß es vor dem *Sivver-Verri* keine Rettung gäbe.

Eine alte Frau schenkte mir ein Amulett, das ihre Großmutter von einer Hexe erhalten hatte. Es war eine große, dürre Nuß, in der es rasselte, wenn man sie schüttelte, und in die Schale war ein Zauberspruch eingeritzt, auf Wandoroboeisch. Sie sagte, das Amulett würde mich vor dem *Sivver-Verri* beschützen, und ich mußte es natürlich annehmen.

‚Heute nacht kommt es!‘ sagte einer der Wandoroboe.

‚Woher willst du das wissen?‘ fragte ich.

‚In der dritten Nacht kommt es!‘ war alles, was er sagte.

Dann fragte ich wegen des Medizinmannes, und ob er wohl eifersüchtig sei.

‚Er heißt Mgamu‘, sagten sie, und weiter nichts.

Nun hatte ich schon öfters bemerkt, daß es in jedem Lande Männer gibt, über die man nicht gern spricht. Zu denen gehörte anscheinend auch Mgamu.

In der dritten Nacht stellte ich mich wieder vor der Rhinozeros-Fährte auf, und das boshafte Gesicht des Mgamu fiel mir ein, und in was für einem unsympatischen Ruf das *Sivver-Verri* stand. Wenn es nun sein Mahl vorzeitig beendet hatte und noch im Dunkeln des Weges kam? Was dann? Die Zaubernuß hatte ich aus reiner Höflichkeit entgegengenommen, doch jetzt faßte ich mit der linken Hand in die Hosentasche und drehte die Nuß so tüchtig, daß sie rasselte. Wenn das *Sivver-Verri* im Dunkeln auf mich losging, konnte ich mit dem Gewehr auf das dunkle Ungetüm einstechen, doch das war eine ungemütliche Geschichte. Und im dichten Urwald wurde einem die Nacht so furchtbar lang! Um Ihnen einen Begriff zu geben, wie mir wegen des *Sivver-Verri* zumute war, darf ich vielleicht erwähnen, daß mir das Brüllen eines Löwen in nicht gar so großer Entfernung geradezu vertraut vorkam. Auch die Frösche, die zu Hunderten im Chor quakten, leisteten mir Gesellschaft, doch waren's ja nur hilflose Geschöpfe, die ich gar nicht hören wollte. Das Gebrüll des Löwen war's, das mir wohltat, denn der konnte es mit einem Biest wie dem *Sivver-Verri* schon eher aufnehmen. Kurz und gut, endlich begann ein Vogel zu zwitschern und die nahe Morgendämmerung anzukünden, obwohl es im Urwald noch stockfinster war. Die ganze Nacht über hatte ich das Gewehr im Arm gehalten.

Jetzt kann's nicht mehr lange dauern, dachte ich – und dann wehte Mohnduft zu mir her. Es war ein sehr, sehr einschläfernder Duft, und es war eine sehr, sehr lange Nacht gewesen. Hätte ich auf ein anderes Wild gewartet, ich würde mich lieber hingelegt und sofort geschlafen haben. Denn nicht nur hatte ich den Schlaf dringend nötig – die Luft war auch ganz durchtränkt mit diesem Mohnduft. Aber ich wußte ja, daß ich auf das *Sivver-Verri* warten mußte.

Die Luft schien sogar wärmer zu werden, und ich hatte während der Nacht gefroren. Alles war auf einmal unendlich friedvoll. Da schloß ich die Augen für ein paar Sekunden. Und als ich sie schloß, dachte ich an das *Sivver-Verri* und versuchte sie wieder zu öffnen, im Falle es käme, doch die mohnduftende Nachtluft schien schwer auf meine Lider zu drücken, und ich brachte sie nicht auf.

Im letzten Augenblick fiel mir der Zauber gegen

das *Sivver-Verri* ein, und ich umklammerte mein Gewehr mit der Rechten und die Zaubernuß mit der Linken, so daß sie laut durch den Wald rasselte – acht- oder neunmal zerriß der Ton die Stille –, und ich schlug die Augen auf. Gerade vor mir, knapp zwei Meter entfernt, stand der scheußliche Medizinmann und streckte die Hände nach mir aus, und seine Finger krümmten sich wie Klauen. Den Knochengürtel trug er nicht, darum hatte er so lautlos heranschleichen können.

Im Moment, als ich meine Augen öffnete, ließ er die Hände sinken, und nun sahen sie auf einmal gar nicht mehr wie Klauen aus. Und soviel merkte ich sofort: daß er mit dem *Sivver-Verri* unter einer Decke steckte. Mehr aber wußte ich nicht. Die ganze Zeit war mein Gewehr auf ihn gerichtet, denn er war den Pfad heraufgekommen, den ich beobachtet hatte.

,Sag mir die Wahrheit!' forderte ich ihn auf und schaute ihm in sein böses schwarzes Gesicht, über dem sich das graue Haar kräuselte.

,Nur Mungo weiß die Wahrheit', sagte er, und damit meinte er seinen Gott.

,Sag mir alles, was du weißt!' befahl ich und zielte mit dem Gewehr auf ihn.

,Ich bin ein armer Mann, Herr', antwortete er.

,Sag mir die Wahrheit, und schnell!' rief ich, denn ich hatte das Gefühl, daß hinter meinem Rücken oder ganz in der Nähe das *Sivver-Verri* lauerte, und ich dachte, wenn ich nicht sofort alles über das *Sivver-Verri* erfahren könnte, dann sei's um mich geschehen. Ich kann Ihnen nicht erklären, was für ein Gefühl es war, etwa so ähnlich wie bei einem Pferd, ehe es scheut, oder wie bei den Antilopen, wenn sie dicht in der Nähe im hohen Gras einen Löwen wittern. Jedenfalls ein sehr stark ausgeprägtes Gefühl.

‚Sag mir die Wahrheit!' wiederholte ich.

Und er sagte noch einmal: ‚Ich bin ein armer Mann, Herr!'

Die ganze Zeit sah ich auf sein Herz und dachte, daß ich ihn erschießen wollte, und den Gedanken muß er aufgefangen haben, denn plötzlich fragte er:

‚Hast du auch Götter?'

‚Ja', antwortete ich.

‚Schwörst du bei deinen Göttern, nicht zu schießen, wenn ich dir die Wahrheit sage?'

‚Wenn es tatsächlich die Wahrheit ist!'

‚Schwörst du?' fragte er.

‚Ich schwöre es.'

‚Bei deinen Göttern?'

‚Ja.'

‚Bei all deinen Göttern?'

‚Ja, bei allen', antwortete ich, ‚aber es *muß* die Wahrheit sein.'

Und dann mußte ich den ganzen Schwur wieder-
holen, und dabei schaute ich ihm dauernd aufs Herz.
Ich habe den Schwur gehalten, doch für Afrika wäre
es besser gewesen, wenn ich ihn gebrochen hätte.
Ich erinnere mich wie heute an sein böses Gesicht
und an seine Nägel, die voll Blut waren, und an die
gräßliche Stille um uns her, als seine Worte durch die
schwüle Luft klangen, und an die leisen Schritte, mit
denen er fortsprang und im Walde verschwand, so-
wie er die Worte geäußert hatte.

'Ich bin das *Sivver-Verri*', sagte er.‹«

JORKENS BEFASST SICH
MIT MEDIZIN UND MAGIE

I n den Mohagger-Bergen«, begann Jorkens, »geschah es einmal . . .«

»Sagten Sie Mohagger-Berge?« fragte Terbut.

»Ja, so heißen sie dortzulande«, erwiderte Jorkens.
»Ich weiß nicht, unter welchem Namen sie auf den
Landkarten eingetragen sind. Vielleicht überhaupt
nicht. Sie sind nicht sehr hoch. Sie liegen im nördli-
chen Grenzland der Sahara. Ich jagte dort und hatte
bald alle Schädel beisammen, die ich hatte haben
wollen, und rüstete zur Heimfahrt. Aber ich war zu
freundlich mit den Arabern gewesen.«

»Zu freundlich?« fragte Terbut.

»Ja«, bestätigte Jorkens. »Sie wollten mich nicht
ziehen lassen.«

»Oh!« sagte Terbut – und das war seine letzte
Unterbrechung bis etwa zur Mitte der Geschichte.

Jorkens fuhr fort: »Die Araber lassen sich nämlich
nicht von der Vorstellung abbringen, jeder Europäer
müsse ein Doktor sein. Also wurde ich Doktor. Es
war ihre eigene Schuld. Ich habe sie nie gebeten, zu
mir zu kommen und sich von mir verarzten zu lassen.
Sie erschienen einfach. Ich mußte ihnen daher alles

geben, was ich an Medizin hatte, und das waren sehr einfache Heilmittel: Chinin, Rizinus-Öl und derlei Dinge. Immer tauchten sie wie aus dem Nichts auf, wenn sie mich besuchten, meistens gegen Abend, und baten mich, sie von ihren Leiden zu heilen, von wirklichen und eingebildeten. Ich habe keine Ahnung, woher sie wußten, daß ich da war: denn ich wußte nicht, daß *sie* da waren. Sie kamen aus Lagern und Tälern, die ich nie bemerkt hatte. Das erste Anzeichen von Leben in jener Gegend war hin und wieder eine kleine Flötenmelodie, die mir vom Wind zugetragen wurde. Und das einzige Lebenszeichen, das meine Anwesenheit verriet, war alle zwei oder drei Tage mal ein Schuß aus meinem Gewehr: denn wenn man, wie ich, auf Berberschafe aus ist, gibt's in den Bergen dort nicht viel zu schießen. Doch immer kamen sie, um mich wegen ihrer Gesundheit zu konsultieren: große hagere Gestalten, die zu einer Mahlzeit eine halbe Ziege verspeisen konnten und Leibweh bekamen. Gegen Leibweh hatte ich keine besonderen Mittel bei mir. Es ist eine Krankheit, auf die man nicht gerade gefaßt ist, wenn man ein gesundes Leben führt und gesunde Nahrung zu sich nimmt. Ich erzielte jedoch großartige Erfolge bei Fieberkrankheiten – bei allem, was mit Chinin zu heilen geht. Aber auch die andern ließ ich nicht im Stich, sondern gab ihnen Bittersalz, und es tat ihnen sehr gut – so gut, daß ich einen Ruf als glänzender Arzt bekam und sie mich nun nicht gehen lassen wollten.

Ich hatte mein Lager in einem kleinen kahlen Felsental aufgeschlagen, das voller Storchschnabel stand, und in den Felsritzen hatten kleine braune Hyazinthen Wurzel gefaßt, und auch wohl hie und da eine Tulpe. Ich hatte nur vier Araber, zwei Kamele und zwei Maultiere bei mir. Der eine Araber war mein Koch, zwei andere besorgten die Tiere, und der vierte hatte die Oberaufsicht über die drei andern und ritt auf einem Maultier, während ich auf dem andern ritt, wenn wir von einem Lagerplatz zum nächsten zogen. Schließlich hatte ich eine sehr schöne Ausbeute beisammen und sagte zu Pelcasim, meinem Oberaufseher: ›Ich habe jetzt genug gejagt. Morgen wollen wir uns heimwärts wenden.‹

Er sah mich seltsam an und antwortete nur: ›Insh'allah!‹, und das bedeutet: ›Wie Gott will!‹ Gut, der nächste Morgen kam, und mit ihm eine Schar meiner Nachbarn, die wie üblich auf ihren geflochtenen Grassandalen aus dem Nichts auftauchten. Ich wurde durch ihren Gesang geweckt. Ich weiß nicht recht, weshalb sie sangen. Vielleicht dachten sie, wenn man sich so früh am Morgen einem Lager nähert, ist es besser, dies nicht zu leise zu tun, damit die Lager-Insassen nicht erschrecken und plötzlich zu schießen anfangen. Ich fragte sie, ob sie Medizin wollten. Sie wollten wissen, weshalb meine Diener die Kamele beluden. Ich erwiderte, daß wir an die Küste reisen würden. Sie sagten nur, ich müsse bei ihnen bleiben.

Viel zu reden gab es nicht. Sie hatten alle ihre Gewehre bei sich, meine Leute auch, wie das in jenem Teil Afrikas üblich ist. Doch wir waren fünf, und sie waren eine ganze Schar. Sie ließen mich wieder in mein Zelt zurückkehren, und drinnen lag mein Gewehr, geladen, fünf Patronen im Magazin und eine im Lauf, und ein viel besseres Gewehr war es als die ihren. Aber wenn ich einen von ihnen erschossen hätte, wären alle andern so flink wie Kaninchen hinter die Felsen geschlüpft, und mein Zelt hätte ihnen als Zielscheibe gedient, bis sie ganz sicher sein konnten, ich sei tot. Und selbst wenn ich sie erledigt hätte, wäre doch noch die Rückreise gewesen: die Reise durch ein Land, in dem jeder Araber gewußt hätte, was ich gemacht hatte. Nein, ich war mir klar, daß ich etwas anderes tun mußte.

Ich konnte ihnen nicht sagen, ich sei kein guter Doktor, da ich ihnen einen ganzen Monat lang das Gegenteil bewiesen hatte, nicht nur mit Chinin und Rizinus-Öl und Bittersalz, sondern auch mit Hilfe von Magie, die ich anwenden mußte, um die Medizin schmackhafter zu machen. Magie lieben sie sehr. Ich sah also den Tatsachen ins Auge und versetzte mich in ihre Lage. Das ist immer das beste, wenn man mit solchen Menschen zu tun hat. Und da begriff ich: wenn ich ihr Tal verlassen würde, das wäre genau so, als wenn plötzlich alle Ärzte aus London verschwinden wollten, und daran würde sie natürlich das Parlament hindern. Also würden mich auch die Araber an der Abreise hindern. Deshalb sagte ich, gut, ich würde bleiben. Ich blieb, und ich verteilte so viel Medizin wie nie zuvor. Und nach ein paar Tagen hatte ich fast keine mehr. Sie sahen, wie meine Vorräte zusammenschrumpften, und ich sagte, ja, es sei traurig, denn selbst der beste Doktor könne nicht ohne Medizin kurieren.

Und als mein kleiner Vorrat fast verbraucht war, dachte ich, nun sei ich frei. Bewahre! Einer von ihnen ritt auf einem Maultier über die Berge und durch das kahle Land, das bei ihnen *Tel* heißt, zum Unterschied von einer richtigen Wüste, und nach drei oder vier Tagen gelangte er in die nächste Stadt und besorgte mir frische Vorräte. Damit sie auch bestimmt die richtigen bekamen, hatten sie die Schildchen von meinen Medizinflaschen mit heißem Wasser abgelöst. Sie trauten mir nicht und fürchteten, ich könne dem Apotheker eine Mitteilung machen. Ich dachte, wenn man nun solch eine Mitteilung irgendwo am Rock des Boten befestigt? Aber wo?

An einer Stelle, die dem Apotheker auffällt, die aber etwa zwanzig Arabern nicht auffällt? Nein, es fiel mir nichts ein.

Sie bewachten mich nicht sehr scharf, aber mein Gewehr hatten sie mir weggenommen. Und wenn ich spazierenging, fiel mir auf, daß auf jeder kleinen Erhebung ein Araber lag und so tat, als ob er schliefe, ein kleiner weißer Farbfleck auf braunem Felsen.

Einmal, als ich ein bißchen weiter als gewöhnlich gewandert war, sah ich, daß sich der weiße Fleck zu bewegen begann. Und ich begriff, daß ich auf diese Art nicht entkommen konnte. Ich begann mir alles mögliche auszudenken, aber keiner meiner Einfälle war besonders gut. So dachte ich, einen meiner Diener mit einer Botschaft in die Stadt zu schicken, aber dann müßte er die andern Araber auf sehr gescheite Art betrügen können. Und wenn er gescheit genug war, die Araber zu betrügen, dann würde er viel eher mich betrügen wollen. Dann dachte ich, ob ich nicht eins von den Maultieren nachts aus dem Lager jagen könnte, nachdem ich ihm eine Botschaft an den Schwanz gebunden hätte. Aber schon der erste Nomade, dem das Tier in den Weg liefe, würde es behalten und nie in die Stadt lassen. Es war eine schwierige Situation, und mir schien, wenn ich nicht meine Botschaft gleich bis nach Europa schicken könnte, würde ich wohl für immer dort bleiben müssen.

Sie behandelten mich sehr gut, wirklich ausgezeichnet. Doch hatte ich noch andere Dinge vor, als mein Leben lang Araber zu kurieren und in einer Bergschlucht zu leben. Manchmal gaben sie mir sogar mein Gewehr, damit ich *Edni* jagen könne – das sind die seltsamen Gazellen, die in jenen Bergen leben. Aber nie konnte ich ein *Edni* aufs Korn nehmen, ohne daran zu denken, daß gleichzeitig drei Araber mich aufs Korn genommen hatten. Das ist ein ungemütliches Gefühl, und nach einiger Zeit gab ich die Jagd gänzlich auf. Das Fleisch fehlte mir; mein Koch konnte es wunderbar zubereiten.

Das Klima dort war herrlich, und auch der Blick auf die Wüste war von großer Schönheit, wenn man bei Sonnenuntergang von einem Felsvorsprung in die blaue, verträumte Welt sieht, die sich dann rot verfärbt. Aber ich wurde es bald leid, genauso, wie ich meine Magie satt hatte. Ich wollte den Arabern

bloß noch die Medizin geben, ohne Magie, aber damit waren sie nicht einverstanden. Sie wollten auch Magie haben, und wenn ich's noch so satt hatte.«

»Magie?« fragte Terbut. »Was für Magie?«

»Ach, nur so kleine Scherze«, erwiderte Jorkens. »Etwa von dieser Art: Sie sehen, wie ich den Löffel aus dem Salznäpfchen nehme und in diese Hand lege, und nun in die andere?«

»Jawohl«, sagte Terbut, »ich hab's gesehen.«

»Und in welcher Hand ist er nun?« fragte Jorkens.

»In der natürlich«, sagte Terbut und deutete auf eine Hand.

»Nein«, sagte Jorkens, öffnete die Hand, und sie war leer, zum größten Erstaunen Terbuts.

»Aber in dieser ist er auch nicht«, sagte Jorkens und öffnete die andere Hand.

»Wie in aller Welt haben Sie das bloß gemacht?« fragte Terbut.

»Ach, das ist eben Magie. 's ist ganz einfach. Ich hatte den Löffel gar nicht aufgehoben, sondern gleich unter den Tellerrand gesteckt. Sie haben ein paar Sekunden zu spät angefangen, mich zu beobachten. Genau wie die Araber, und solche Magie bekam ich natürlich satt. Ich dachte also dauernd darüber nach, wie ich eine Botschaft nach Europa schicken könnte. Jener Teil von Afrika gehört den Franzosen, und ich wußte, sie würden so etwas nie dulden, aber wie sollte ich sie's wissen lassen? Ich sann bei Tage nach, wenn keiner von den Arabern sich blicken ließ. Ich wußte, sie würden mich nicht gleich auf der Flucht erschießen, sie würden sich's nur mit ihren wunderbaren, weit tragenden Stimmen zurufen, bis die Berge wie von Bienen schwärmten. Und ich saß und sann des Abends, wenn sie aus den Bergen herunterkamen und ich ringsum das Glühen ihrer Zigaretten sah. Ich sann und sann, aber ich sprach mit keinem meiner Leute darüber.

Und dann eines Abends kurz vor Sonnenuntergang, als ich mich vor dem Zelt ausruhte und das Grübeln auch schon satt hatte, geschah etwas Seltsames. Ich hörte ein schwaches Flügelschwirren in der Luft, und dann eine Reihe von Tönen oder Rufen, die etwa ein Dutzend Vögel auf dem Flug gen Norden ausstießen. Das war alles, aber sie flogen nach Europa, und ich mußte mir nun ausdenken, wie ich ihnen eine Botschaft mitgeben konnte. Es handelte sich meistens um Schwalben – zwar waren auch ein paar Störche dabei, doch die, nahm ich an, flogen eher nach Deutschland als nach Frankreich. Und meine Botschaft mußte nach Frankreich gehen, damit sie eine Befreiungstruppe ausschickten.

Ich sah nicht viel Schwalben, aber ich wußte, hinter den Bergen in den kleinen Städtchen flogen sie um die Moscheen und über die flachen Dächer der Häuser. Dort mußten mir die Araber welche verschaffen. Denn sie hatten nicht geduldet, daß mein Vorrat an Medizin auf die Neige ginge, doch meine Magie – fünfzig Prozent des Heilverfahrens –, meine Magie konnte auf die Neige gehen.

Ich schlenderte also am folgenden Tag auf ein Araberzelt zu. Ein Hund stürzte mir bellend entgegen, und ein Araber wies ihn mit Steinwürfen zur Ruhe und fragte mich sehr höflich um mein Begehr. Ich erklärte ihm, daß meine Magie nachließe, weil mir die nötigen Ingredienzen fehlten. Er fragte, woraus sie bestünden, und ich sagte, aus Schwalbenmist, den ich mit Medizin untermische. Medizin hätte ich noch, aber der Schwalbenmist sei mir ausgegangen.

Ich sah es ihm an, daß ihm meine Geschichte sehr einleuchtete, und er versprach mir die Schwalben. Ich nahm ihm das Versprechen ab, mein Geheimnis zu wahren, da auch andere Magier dahinterher seien, und er war sehr geschmeichelt. Ich verlangte tausend Schwalben, da ich eine große Zahl Patienten hätte, was auch stimmte, denn mein Ruhm hatte sich ungeheuer verbreitet. Nun kamen auch andere Araber herbei, und sie berieten sich, wie sie diese große Menge Schwalben wohl fangen könnten, versprachen es aber.

›Und wenn ich andre heilen soll‹, sagte ich, ›dann muß ich immer in guter Stimmung sein, doch sind mir die Zigaretten ausgegangen, und ich sollte tausend Zigaretten haben.‹

Sie hatten sie mir bereits am nächsten Tag geliefert, denn sie behandelten mich ja wirklich gut, und ich verbrachte die ganze Nacht damit, das Papier vom Tabak zu lösen und tausend Botschaften darauf zu schreiben, alles auf Französisch und ein paar italienische Worte, falls die Schwalben nach Italien fliegen sollten.

Mittlerweile bekam ich es mit der Angst, weil sie die Schwalben nicht brachten. Doch eines Tages kamen sie singend in mein Tal und hatten vier riesige Käfige auf zwei Kamelen verladen, und es waren fast tausend Schwalben. Ich hatte absichtlich so viele bestellt, denn eine oder zwei Schwalben kann man leicht übersehen, wenn aber in einem Dorf jede Schwalbe ein weißes Bein hat, das muß ja auffallen. Die Nacht darauf band ich also mit Haaren von meinem Kopf das Zigarettenpapier an die Schwalbenbeinchen und ließ sie frei.

In den Mohagger-Bergen war es Frühling geworden, und bald würde es auch in Frankreich so weit sein, mußten wohl meine Schwalben gedacht haben. Denn nach einer Woche schon erschien eine Abteilung Zuaven: die Franzosen hatten nämlich an den nächsten Posten telegraphiert. Als ich sie von weitem erblickte, sagte ich zu einem Araber:

›Ich lebe hier freiwillig, und das werde ich auch den Zuaven erklären!‹

Er schien hocherfreut, als ich das sagte. Und dann fuhr ich fort:

›Und ich ziehe auch freiwillig ab!‹

›Wie Gott will!‹ sagte er.

Und ich reiste ab.«

DIE ANTWORT

S ie wissen vielleicht nicht«, erzählte Rowston, »daß gegen Ende des vorigen Jahrhunderts eine Frau in ihrer letztwilligen Verfügung eine Geldsumme hinterlassen hatte, damit die Verbindung mit dem Mars aufgenommen werden könnte.«

Die Unterhaltung im Billard-Klub war letzthin recht wissenschaftlich geworden, und Rowston, der sozusagen unser ›Wissenschaftler‹ war, mußte immerfort über seine Lieblingsthemen reden.

»Es handelt sich um eine Französin«, fuhr er fort, »und die Wissenschaftler, denen sie das Geld vermacht hatte, beschlossen, eine geometrische Figur – nämlich den wunderbaren Lehrsatz des Pythagoras, nach welchem das Hypothenusenquadrat gleich der Summe der Kathetenquadrate ist – in Form von Signalfeuern über ganz Nordfrankreich darzustellen. Es ist wirklich ein wunderbarer Lehrsatz, und ich habe mich oft gefragt, wie Pythagoras bloß auf die Idee gekommen sein kann, daß tatsächlich das Quadrat über der größten Seite des rechtwinkligen Dreiecks gleich denen über den beiden kleineren ist!«

»Wozu sollte es nützen?« fragte jemand, der sich mehr für Golf als für die Wissenschaft interessierte.

»Oh«, erwiderte Rowston, »die französischen Wissenschaftler hatten sich gedacht, die Marsmenschen, die ja intelligenter als wir sein müssen, da sie früher angefangen haben (denn ihr Planet ist kleiner und konnte deshalb schneller abkühlen), die Marsmenschen also wissen bereits alles, was wir wissen, und obendrein werden sie auch schon hinter eine Menge Irrtümer gekommen sein. Daher muß ihnen natürlich auch die seltsame Tatsache mit den Quadraten bekannt sein, und wenn sie nun die Leuchtzeichnung auf unsrer Erde sähen, dann würden sie daraus schließen, daß wir auch intelligent sind. Daraufhin müßten sie dann eben antworten.«

»Und was geschah?« fragte eins der Klubmitglieder.

»Haha, die französische Regierung entschied einfach, die Frau sei verrückt und ihr Testament sündhaft, deshalb müßte das ganze Geld an ihre Verwandten gehen. Mir aber scheint«, fügte Rowston hinzu, »wenn die Frau wirklich verrückt war, so war es recht gefährlich, all das Geld ihren Verwandten zukommen zu lassen, denn in denen kann ja auch schon etwas von ihrer Verrücktheit gesteckt haben, und je mehr Geld sie zur Verfügung hatten, desto mehr Gelegenheit hatte die Krankheit, sich zu entwickeln.«

»Sie war nicht verrückt«, sagte Jorkens.

»Was wollen Sie damit sagen?« fragte Rowston mit scharfem Ton, denn er kann es nicht leiden, wenn jemand anders ihm bei seinen wissenschaftlichen Behauptungen dazwischenfährt.

»Sie war völlig normal«, erwiderte Jorkens. »Das Leuchtsignal wurde schließlich doch gegeben, und Mars antwortete auch.«

»Mars antwortete?« riefen wir.

Rowston saß sprachlos da.

»Ja«, sagte Jorkens. »Die Wissenschaftler gaben sich nämlich mit dem Entscheid ihrer Regierung nicht zufrieden. Sie ließen sich so etwas nicht gefallen, sondern begannen, in aller Stille Gelder zu sammeln, was natürlich sehr lange dauerte, und die meisten starben darüber hin. Doch der Plan blieb bestehen, nur wurde alles ganz im stillen vorbereitet, damit die Regierung nicht noch mehr Menschen für verrückt erklären könne, und wenige Jahre vor dem Ersten Weltkrieg hatten sie's dann beisammen.«

»Und woher wollen Sie das wissen?« fragte Rowston.

»Weil ich zufällig den Mann kannte, der die Antwort vom Mars deuten konnte.«

»Und weshalb wissen *wir* das nicht?« fragte Rowston.

»Weil es vertuscht wurde.«

»Es wurde vertuscht?« rief Rowston.

»Ja«, sagte Jorkens. »Die Signalfeuer wurden tatsächlich angezündet, aber natürlich nicht in Frankreich, weil man die Idee dort ja für verrückt erklärt hatte. Die Wissenschaftler, die sich nun dafür einsetzten, gingen in die nördliche Sahara, und dort markierten sie also die Figur des pythagoräischen Lehrsatzes. Da mischte sich keine Regierung ein, bloß ein paar Araber, die sie natürlich auch für verrückt hielten, sie aber in keiner Weise störten, denn sie betrachten den Wahnsinn als ein von Gott gesandtes Leiden, in das der Mensch sich nicht einmischen dürfe. – Die französischen Wissenschaftler aber müssen im Laufe der vierzig Jahre ein stattliches

Sümmchen zusammengebracht haben, denn allein die Transportkosten müssen ungeheuer gewesen sein, da es ja in der Sahara weder Holz noch Wasser noch Lebensmittel gibt. Doch fanden sie genügend Kamele und konnten alles heranschaffen. Und in einer Nacht dann zündeten sie die endlos langen Reihen unzähliger Signalfeuer an. Und Mars antwortete.«

»Mars antwortete?« rief Rowston.

»Ja, schon nach einer Woche!« sagte Jorkens. »Sie haben erstaunlich schnell gearbeitet. Und sie antworteten ebenfalls in Form einer Zeichnung.«

»Was für einer?« fragte Rowston.

»Sie zündeten Signalfeuer an«, sagte Jorkens, »genau wie wir. Und unsere Wissenschaftler waren zuerst ungeheuer geschmeichelt ob der schnellen Antwort.«

»Aber was für eine Zeichnung war es denn?« fragte Rowston.

»Es war auch ein rechtwinkliges Dreieck«, erwiderte Jorkens. »Doch es war anders arrangiert.«

Als Rowston das Wort ›arrangiert‹ im Zusammenhang mit der Geometrie vernahm, schnaufte er verächtlich.

»Die eine Seite des Dreiecks war verlängert«, fuhr Jorkens fort, »und zwar höchstens verdoppelt, während die andre Seite auch verlängert worden war, aber mindestens um das Vierfache. Diese lange Linie erstreckte sich von Norden nach Süden über die ganzen Marsebenen. Wie die Marsleute eine so riesige Zeichnung in einer Woche markieren konnten, war allen ein Rätsel. Doch viel rätselhafter noch schien die Bedeutung dieses Dreiecks mit seinen Verlängerungslinien.«

»Die eine verdoppelt, die andere vervierfacht?« fragte Rowston und machte ein gelehrtes Gesicht.

»Ja«, antwortete Jorkens, »aber doch nicht ganz genau. Die längere Linie war verhältnismäßig ungeheuer lang, und das machte den französischen Wissenschaftlern Kopfzerbrechen. Sie konnten keine mathematische Verhältniszahl dafür herausfinden, obwohl sie ja alle Mathematiker waren und das gleiche von den Marsmenschen annahmen, da sie eine mathematische Zeichnung sandten.«

»Und wie wurde dann die Bedeutung entdeckt?« fragten wir.

»Die französischen Mathematiker grübelten wochenlang darüber nach, stellten Formeln auf und so weiter, da sie es für ihre Pflicht hielten. Wenn man von Leuten eine Botschaft erhält, und diese Leute halten einen für fähig, die Botschaft zu deuten, und man kann sie doch nicht entziffern, dann ist es natürlich peinlich, besonders für Wissenschaftler. Und doch war die Antwort so einfach!

Vermutlich überschätzten sie die Schwierigkeit

und suchten nach einem sehr tiefgründigen Sinn. Einer jedenfalls fand es heraus, oder vielmehr, es kam ihm in einer blitzartigen Offenbarung. Ein alter Mann namens Priteau war's, und er war ganz entsetzt. Ja, im Grunde waren sie alle entsetzt. Und deshalb vertuschten sie es dann schließlich. Denn Priteau – und alle andern Wissenschaftler auch – hatte gehofft, daß die Marsleute uns nicht haßten, bloß unsere Zivilisation vielleicht, weil die in unserm Maschinenzeitalter ja gänzlich auf Mathematik beruht, und nun glaubten sie, Mars habe das alles längst hinter sich gelassen, voller Widerwillen, sozusagen. Und daher, behauptet Priteau, haben sie sich über die geometrische Figur aus der Sahara geärgert und im Zorn etwas voreilig geantwortet.«

»Aber was haben sie denn bloß geantwortet?« rief Rowston, und wir andern brannten ebenfalls darauf, es zu erfahren.

»Ach«, sagte Jorkens, »heute wollen sie's abstreiten, es sei keine Antwort gewesen. Aber offenbar war es eben doch eine Antwort, denn weshalb hätten sich die Wissenschaftler sonst solche Mühe gemacht, die Antwort zu vertuschen? Und im übrigen können Sie ja selbst entscheiden, wenn Sie sich die Mühe machen, die Figur auf Papier nachzuziehen. Es ist ganz schnell gemacht: wie ich schon sagte, eine sehr lange, gerade Linie, von der oben im rechten Winkel eine kurze Linie abzweigt, und dann . . . «

»Sieht aus wie ein Laternenpfahl«, warf eins der harmloseren Klubmitglieder ein, das für Mathematik kein Verständnis hatte.

»Warten Sie nur«, sagte Jorkens. »Sie haben die dritte Seite des Dreiecks vergessen! Die schräge Verbindungslinie von hier nach hier!«

»Oh!« rief einer, »das sieht ja genau wie ein Galgen aus!«

»Tut's auch«, bestätigte Jorkens. »Die Antwort lautete nämlich: ›Hängt euch auf!‹«

SCHANDE
KOMMT NACH SIEBENEICHEN

Schon seit einiger Zeit«, so erzählte Jorkens im Klub, »ereigneten sich in Kent allerlei merkwürdige Dinge, bis es dann vorige Woche ziemlich kritisch wurde.

Es begann in der Nähe eines kleinen Dorfes, das ganz versteckt in einem einsamen Tal liegt. Und deshalb hat es auch gar keinen Sinn, den Namen des Dörfchens anzugeben, denn Sie kennen es ja doch nicht. Ein paar Häuser scharen sich um die kleinste Kirche der Welt – und das ist alles.

Wollen Sie aber durchaus hinwandern, so müssen Sie, einerlei von welcher Richtung Sie kommen, den steilen Abhang hinunterklettern, der während der Hundstage von großen lila Thymianpolstern und den größeren Blüten der Minze bedeckt ist. Auch den strahlend blauen Borretsch können Sie dort finden, und kleine Hasenglöckchen, die wie verwunschene Prinzessinnen dastehen. Im Frühjahr sind die Hänge blau und gelb von Ehrenpreis und Maßliebchen.

Oberhalb des Abhangs erstrecken sich Wälder mit dichtem Unterholz, in denen Fuchs und Dachs und Eule und allerlei anderes Waldgetier haust, das sich vor den Menschen gerne unter Hasel- und Birkengebüsch, Eiben und Heckenrosen versteckt. Kurz und gut, die ganze Gegend ist ländlich und weltabgeschieden.

In der Nähe des Dörfchens wohnte ein Mann namens Wichers, der einen ganz gewöhnlichen und leidlich gescheiten Hund besaß. Er lehrte ihn allerlei Kunststücke. Einer dieser Tricks bestand darin, daß der Hund jeden Morgen mit einem Penny-Stück in der Schnauze zu dem etwa vierhundert Meter entfernten Dorf laufen mußte. Dort betrat er den Laden und legte die Vorderpfoten auf den Ladentisch. Daraufhin nahm ihm der alte Jenkins, dem das Lädchen gehört, das Penny-Stück aus der Schnauze und gab ihm die Morgenzeitung, und der Hund brachte sie seinem Herrn. Das ist ja weiter nicht schlimm, und es ist auch nichts Ungewöhnliches. Aber so fing es eben an.

Wichers lehrte den Hund nun, seinem Nachbarn, einem Bauern, einen halben Schilling zu bringen und sich dafür einen Korb mit sechs Eiern geben zu lassen. Immer mußte er ihn solche Tricks lehren! Zuerst lernte der Hund den Trick mit der Zeitung, denn Wichers wollte sich den Weg ersparen und pflegte immer zu sagen: ›Wozu ist ein Hund sonst da?‹ Doch daß er seinen Hund den zweiten Trick lehrte, geschah aus einem andern Grund: Wichers war bereits von einer gewissen eitlen Freude beseelt, seine Fähigkeit als Dresseur zu erweisen. Also brachte er ihm auch noch einen dritten Trick mit einem Schilling bei. Und nun bekam der Hund, der, wie alle Hunde, ein gut Teil schlauer als sein Herrchen war, allmählich einen Begriff vom Wert des Geldes.

Und hiermit fängt meine Geschichte eigentlich an. Vorher machte der Hund ja nur Kunststückchen, die sich nicht weiter von andern Hunde-Tricks unterscheiden. Ich meine, anstatt des Penny-Stücks tut's auch ein Stück Würfelzucker. Doch sobald der Hund begriff, daß die Münzen je nach ihrer Verschiedenheit eine unterschiedliche Wirkung hatten, sah die Sache natürlich anders aus. Denn von diesem Zeitpunkt an begann der Hund, wie mir scheint, zu denken – falls man weiß, was Denken ist.

Er hieß Tim. Und eines Tages hatte er die alten Tricks satt und stahl sich aus dem Hause seines Herrchens und begab sich auf einen langen Bummel. Und damit nahm der ganze Kummer seinen Anfang. Tim lief nämlich nach Siebeneichen, in ein stattliches Haus am Rande der Stadt, und verkaufte sich einem Herrn Murchens für fünf Pfund Sterling. Ja, das tat er. Er lief schnurstracks ins Haus, setzte sich hin und machte schön. Er lehnte alles Futter ab und machte so lange schön, bis Herr Murchens begriff, was Tim

wollte. Denn Wichers' Prahlereien über seine Dressurkunst hatten sich überall herumgesprochen, so daß der Gedanke nahelag, der Hund wollte Geld.

Eine Kupfer- und eine Silbermünze lehnte er jedoch ab, genau wie er Futter abgelehnt hatte. Da bot ihm Herr Murchens eine Pfundnote an. Tim nahm sie sofort und legte sie neben sich auf den Fußboden und bettelte weiter. Wenn jemand aber dem Geldschein mit der Hand zu nahe kam, dann knurrte er. Daraufhin bot Herr Murchens ihm noch eine Pfundnote an, und Tim nahm sie entgegen und legte sie schön ordentlich auf die erste. Herr Murchens wurde ganz aufgeregt und wollte etwas riskieren: also gab er dem Hund nach und nach fünf einzelne Pfundnoten. Als die fünf einzelnen Scheine alle auf einem Haufen neben Tim lagen, sagte Herr Murchens:

›So, das genügt nun!‹ Und Tim schien der gleichen Ansicht zu sein und hörte auf zu betteln.

›Du darfst doch dem Hund nicht das viele Geld geben!‹ meinte Frau Murchens.

›Ich möchte gern wissen, was er damit tun will‹, war alles, was Herr Murchens erwiderte.

Der Hund blieb ein Weilchen sitzen und knurrte jedesmal, wenn jemand sich den fünf Geldscheinen näherte. Und plötzlich nahm er sie allesamt in die Schnauze und rannte damit aus dem Hause und brachte sie zu einer Bank. Ich meine nicht so eine Bank, an die Sie jetzt denken: es war eine grüne, außerhalb der Stadt unter einer Hecke, eine Rasenbank nämlich, in der eine ganze Menge Kaninchen hausten. Und Tim grub sich auch einen Gang und verscharrte dort seine fünf Pfund, so wie er sonst seine Knochen zu vergraben pflegte, und deckte alles mit Sand zu. Danach kehrte er zu Herrn Murchens zurück und legte sich in dessen schönem Haus auf den Kaminvorleger, rollte sich zusammen und blieb – blieb einfach dort. Verstehn Sie's jetzt? Er hatte sich regelrecht verkauft. Er hatte sozusagen Wichers' Hund verkauft, denn das war er ja gewesen. Wichers' Hund.

Ob es rechtsgültig war, kann ich nicht sagen. Denn da so etwas noch nicht vorgekommen war, wonach sollte man sich richten? Doch Brauch und Präzedenzfall lösen viele Probleme, die sonst schrecklich kompliziert wären. Und wenn wir hier nicht von einem Präzedenzfall sprechen würden, wüßte ich nicht, was tun. In Sieheneichen aber wußten die guten Leute gar nicht, woran sie waren. Wichers versuchte natürlich, seinen Hund wiederzuerlangen. Der Hund hielt sich jedoch an den abgeschlossenen Handel, und als Wichers ihn endlich aufgestöbert hatte, weigerte er sich, den Platz vor dem Kamin zu verlassen.

Herr Murchens war der gleichen Ansicht wie Tim, und wenn meine Zuhörer das auch bedenklich finden mögen – schließlich hatte Herr Murchens in gutem Gelde für den Hund gezahlt – und zwar einen Preis, der, wie Frau Murchens fand, selbst für den edelsten Rassehund zu hoch gewesen war, vor allem, wenn man die hohen Hundesteuern bedenkt, die ja noch hinzukommen, und ganz zu schweigen von den Lebensmittelkarten. – Mir scheint, da lacht einer? Es ist aber wirklich nicht zum Lachen, und Frau Murchens hat vollkommen recht. Es ist heutzutage äußerst schwierig, einen guten Haushalt zu führen, und wenn man für fünf Pfund Sterling Ware kauft und sie gleich wieder zurückerstatten soll, das ist doch praktisch unmöglich.

Murchens blieb also bei seiner Ansicht, daß er den Hund gekauft habe. Und Wichers blieb bei seiner Ansicht, nämlich, daß keiner außer ihm den Hund verkaufen könne. Schließlich kam der Fall vor den Richter. Die Leute hatten viel darüber diskutiert, teils für, teils gegen Murchens, und ich will Sie nicht weiter damit langweilen. Doch die Behörde war vollkommen unparteiisch – wie sich's ja gehört. Die Sache wurde auf höchst einfache Art beigelegt, wie meistens, wenn es sich um das Besitzrecht an Hunden handelt: nämlich durch den Hund selbst. Tim sprang

vergnügt an Murchens hoch und würdigte Wichers keines Blickes. Deshalb entschied die hohe Obrigkeit, daß der Hund ganz eindeutig Murchens gehörte.

Noch ist in unserer Geschichte nichts vorgekommen, was die gute Stadt Siebeneichen bis in ihre Grundmauern hätte erschüttern können. Und doch sollte es sich bald ereignen. Bis jetzt ist es eine Geschichte, die nur ein ganz klein wenig ungewöhnlich ist. Denn um Stöcke, Steine, Knochen und Bälle haben Hunde schon immer gebettelt, wenn auch nicht gerade um Pfundnoten, und ihre Herrchen haben sie auch oft gewechselt. Nun jedoch beginnt das Ungewöhnliche ein ausgesprochenes Merkmal meiner Geschichte zu werden, und zwar in steigendem Maße, bis zu guter Letzt ›ungewöhnlich‹ kaum noch das passende Beiwort sein dürfte.

Der Hund begab sich nämlich zu seiner Bank, zog eine Pfundnote hervor und scharrte das Loch sorgfältig wieder zu. Mit der Pfundnote lief er in ein Geschäft, in dem man Kragen kaufen konnte. Nicht etwa ein Hundehalsband – das ist nämlich der springende Punkt –, sondern einen ganz gewöhnlichen Kragen, einen steif gestärkten Leinenkragen mit zurückgebogenen Klappen. Nicht gerade eine Form, die *ich* mir ausgesucht hätte, aber immerhin einer der üblichen Herrenkragen. Tim kaufte ihn, indem er mit der Pfundnote in der Schnauze ins Geschäft lief und die Vorderpfoten auf die Theke legte – genau wie er's gelernt hatte, wenn er für Wichers die Zeitung und die Eier hatte kaufen müssen.

Er jaulte und japste und blickte aufs Schaufenster, und zuerst holten sie ihm denn auch den verkehrten Artikel, wie es meistens zu gehen pflegt, wenn man etwas aus dem Schaufenster haben will. Doch er kläffte weiter, bis sie ihm das richtige Stück vorlegten, und dann bezeigte er seine Freude auf so ungestüme Art, wie sie nur einem Hunde möglich ist, so daß keinerlei Zweifel mehr bestand, daß er tatsächlich diesen Kragen haben wollte.

Als die Leute im Geschäft seine Freude sahen, kam doch tatsächlich einer der Verkäufer auf die Idee, ihm den Kragen um den Hals zu legen und mit einem Knöpfchen zu schließen – einem kleinen Knopf, wie man sie immer von der Wäscherei erhält, und die also nichts kosten. Der Inhaber gab Tim das Kleingeld zurück, ganz gewissenhaft, denn das mußte er schon wegen der Umstehenden tun, die sich so für den Hund interessierten und alle zusahen. Übrigens hätte er es sowieso getan, ich kenne ihn gut, er ist ein ehrlicher Mensch.

Mit Wechselgeld hatte der Hund bisher noch keine Erfahrung gehabt, doch nun begann ihm das Einkaufen erst richtig Spaß zu machen. Erst mal lief er zu seiner Bank und deponierte dort das Wechselgeld, und am folgenden Tage holte er sich eine halbe Krone (2,5 Schilling) und suchte von neuem das Geschäft mit den Herrenartikeln auf. Diesmal kaufte er sich eine Krawatte, eine rosa und grün gestreifte, die er für anderthalb Schilling erwerben konnte. Er erhielt also einen Schilling Wechselgeld und lernte dadurch den Wert des Geldes immer besser kennen. Der Verkäufer band ihm die Krawatte so nett um, als ob er sich selbst mit dem bunten Ding für den Sonntagnachmittag hätte herausputzen wollen. Und dann ging Tim wieder zu seiner Bank, vergrub den Schilling, verjagte ein Kaninchen, das ihm

zu dicht bei seinem Depot herumzulungern schien, und kehrte in seine Wohnung zu seinem Herrchen, dem guten Murchens zurück.

Dem äußeren Anschein nach war er immer noch ein ganz gewöhnlicher Hund, dem jemand einen Schabernack gespielt hatte oder der von jemand besonders verhätschelt wurde, und keiner nahm die Sache ernst. Natürlich wurde viel über Krawatte und Kragen gelacht, doch richtig darüber nachzudenken, kam keinem in den Sinn.

Und dann kaufte er sich in einem Spielzeugladen ein Spazierstöckchen. Er sah es in der Auslage und ging ins Geschäft und machte die üblichen Mätzchen, bis er das Ding für einen Schilling erhandelt hatte: einen kleinen Stock von etwa sechzig Zentimeter Länge, und mit einer recht hübschen Krücke. Tim nahm ihn in die Schnauze und lief so die Hauptstraße entlang – natürlich mit Kragen und Krawatte bekleidet. Und nun fingen die Leute doch an, aufmerksam zu werden.

›Was macht dieser Hund‹, wunderten sie sich, ›so ganz allein mit einem Spazierstock und dem etwas affektierten Kragen und der grellen Krawatte?‹ – Neid wäre ein zu starkes Wort dafür gewesen: es war auch nicht Neid. Wenigstens noch nicht. Doch fragten sich die Leute schon, ob das denn wohl die einem Hunde zukommenden Kleidungsstücke und

Manieren seien. Denn tatsächlich, er trug ein seltsames Benehmen zur Schau. Darüber konnte kein Zweifel bestehen: jeder neue Einkauf machte ihn eingebildeter. Und eines Tages sah er in einem Laden eine Kinderweste, wenn das die richtige Bezeichnung für diesen Bekleidungsgegenstand ist, und kaufte sie ebenfalls.

Nun bestand kein Zweifel mehr, daß der Hund sich mehr und mehr herausstaffieren wollte. Er verwischte allmählich die Unterschiede, die doch anerkanntermaßen zwischen uns und den so unendlich unterlegenen niedrigeren Kreaturen bestehen müssen. In jedem Laden fanden sich willige Hände, ihm hierbei zu helfen. Es war nicht länger eine drollige Angelegenheit, wie man sie wohl mal auf der Straße sieht und wieder vergißt. Bedenken erhoben sich und wurden abends in den Wohnungen geäußert. Manche sagten, es sei eine Lappalie. Doch gerade solche Lappalien richten die notwendigen Schranken auf. Manche sagten, diese Schranken seien Snobismus. Andere meinten, sie seien ja gerade die Mauern, die unsere Zivilisation schützten.

So verstrichen Tage, indes der Hund Tim mit seinem eitlen Getue immer lächerlicher wurde, und Herr Murchens schritt nicht dagegen ein. Selbst Sticheleien nützten nichts. Jemand sagte: ›Man könnte Tim für ein Familienmitglied halten!‹ Doch selbst das vermochte Murchens nicht die Augen zu öffnen. Er schien stolz zu sein auf seinen Hund! Bis sich dann eines Tages etwas ereignete, das die Sache zum Platzen brachte.

Herr Slegger, der während der Mittagspause in seinem Garten ein Sonnenbad zu nehmen pflegte, mußte plötzlich in sein Büro eilen, um etwas Dringendes zu erledigen. Ich glaube, der Portier hatte ihn ans Telephon geholt – aber da kann ich mich auch irren. Herr Slegger war schnell in die Jacke gefahren und hatte den Hut aufgestülpt. Doch trug er – und das ist nun das entscheidende – weder Kragen noch Krawatte. In diesem Aufzug erschien er in der Hauptstraße, gerade als Tim dort seinen Verdauungsspaziergang machte. Und Tim *schnitt* ihn!

Natürlich kannte er Herrn Slegger sehr gut und war immer stehengeblieben und hatte mit dem Schwanz gewedelt, weil Slegger ihn jedesmal mit ›Hallo, Tim!‹ begrüßte. Doch nun nahm der Hund keinerlei Notiz von ihm.

Das Gerücht von diesem Vorfall verbreitete sich mit der Geschwindigkeit eines Scheunenbrandes. Versammlungen und Besprechungen fanden statt, und die Behauptung, es könne sich um ein entschuldbares Versehen handeln, wurde nachgeprüft und widerlegt, indem man Tim mit einem andern kragenlosen Herrn konfrontierte – und zu genau dem gleichen Resultat kam. So liegen die Dinge nun in Siebeneichen. Wenn es sich nicht in der Hauptstraße zugetragen hätte, könnte man ein Auge zudrücken. Doch da es die Hauptstraße ist, weiß man, was auf dem Spiele steht.

In Siebeneichen und in der ganzen näheren und weiteren Umgegend waren wir immer überzeugt, daß zwischen uns und den niedrigeren Kreaturen von Gleichheit keine Rede sein kann, und erst recht keine Überlegenheit eines der niedrigen Geschöpfe über einen unsersgleichen, und selbst wenn so ein Tier hundert Kragen besäße und wir nur einen ungewaschenen Hals.

Sie glauben nun wohl, daß vielleicht nicht die *ganze* Stadt Siebeneichen auf Sleggers Seite stand? Daß einige ihn vielleicht auslachten? Dem ist nicht so. Denn über jedem einzelnen Bürger Siebeneichens hängt jetzt wie ein düsterer Schatten die Furcht, daß auch er geschnitten werden könnte. Und wer das einmal mitangesehen hat, wie ein Mensch von einem Hund geschnitten wird, kann sich gut vorstellen, was für eine bittere Pille es für unsere Selbstachtung ist. Eine alte und bequeme, aber schäbige Jacke, eine nicht zugeknöpfte Weste, eine schlecht gewählte Krawatte können einen nun jederzeit einer plötzlichen Demütigung ausliefern.

Der Hund aber ist so munter und schmuck wie

nur je, und seine hoffärtigen Manieren sind sogar noch anmaßender geworden, und fast glauben wir bereits, daß er vielleicht vollkommen im Recht ist. Denn wenn einmal – wie im Falle Slegger – alte Ideale und Ansichten erschüttert werden, dann ist es schwer, sie nur mit Hilfe verstandesmäßiger Überlegungen wieder zu festigen. Wenn uns unsre Kleidung – so könnte man folgern – Ansehen und Würde verlieh (und das war doch, verbunden mit einem Bankkonto, zweifellos der Fall gewesen), könnten dann diese Attribute nicht auch andern Kreaturen Ansehen und Würde verleihen? Weiß der Himmel, wo uns solche Folgerungen schließlich noch hinführen mögen! Deshalb herrschen in der Hauptstraße Unsicherheit und ein allgemein verbreitetes Mißbehagen. Und durch diese von Befürchtungen schwere und bedrückende Atmosphäre stolziert nun zweimal täglich der selbstbewußte Hund. Wer weiß, was er noch alles im Schilde führt. Neulich besah er sich die Auslagen in einem Hutgeschäft!

Und Murchens will nicht dagegen einschreiten. Vielleicht können ihn diese meine Worte, falls sie ihm zu Gesicht kommen, zu besonderen Maßnahmen veranlassen. Eine tüchtige Tracht Prügel wäre nicht unangebracht. Aber der Hund gehört Murchens, das hat ja der Gerichtshof selbst entschieden. Deshalb hat einzig Murchens etwas zu sagen. Wenn wir nur erst die alten Unterschiede wieder hätten! In einer Beziehung muß ich mich noch verbessern und Herrn Murchens Gerechtigkeit widerfahren lassen: es stimmt nicht, daß er überhaupt nichts unternimmt. Wie ich hörte, hat er wenigstens versprochen, den Hund einzusperren. Wenn er das tun wollte, wäre die Hauptstraße wieder, was sie früher war: ein Ort, den man betreten kann, ohne in seiner menschlichen Würde gekränkt zu werden. Und das mag das Ende meiner Geschichte sein.

Hoffentlich kommt etwas Derartiges nie wieder vor. Es kann – mitsamt allen demütigenden Folgen – leicht vermieden werden, wenn sich jedermann einfach verpflichten würde, einen Hund einzig und allein von seinem Eigentümer zu erwerben.

Was die meinem Bericht zugrunde liegenden Tatsachen anbelangt, so brauchen Sie bloß nach Siebeneichen zu gehen und können sich an Ort und Stelle überzeugen: Sie werden bestimmt den Hund bellen hören, denn eingesperrte Hunde haben das so an sich. Und Sie werden, falls Sie das nötige Fingerspitzengefühl für derlei Dinge haben, bald erkennen, wie nahe diese Episode unsrer Hauptstraße gegangen ist: denn über den Hund wahrt man das tiefste Stillschweigen. Da können Sie fragen, wen Sie wollen, und jeder, fast jeder, wird Ihnen antworten, daß er nichts von der Geschichte weiß.«

WIE MAN ZU GELD KOMMT

Wenn ich mich recht erinnere, sprachen wir eines Tages im Billard-Klub von Gaunern, als Jorkens sich mit der Bemerkung einmischte: »Ich kannte einen Mann, der es sich zum Grundsatz gemacht hatte, sich streng ans Gesetz zu halten. Was natürlich ganz in Ordnung ist. Und trotzdem kam er zu Geld.«

»Wie hat er denn das gekonnt?« fragte einer.

»Er hatte einen seltsamen Einfall«, erwiderte Jorkens, »oder vielleicht hatte er rein zufällig während eines Gesprächs etwas gehört. Ich kann Ihnen erzählen, wie er's zu machen pflegte, falls Sie sich dafür interessieren. Aber seinen Namen möchte ich lieber verschweigen. Er hielt sich nämlich an eine gewisse Grenzlinie: auf der einen Seite dieser Linie war alles dem Gesetz entsprechend, und auf der andern Seite lag das Gefängnis. Selbstverständlich hielt er sich immer auf der Seite des Gesetzes, doch kam er der andern Seite recht nahe, und für den Fall, daß er mal um ein oder zwei Zoll hinübergerutscht sein sollte, möchte ich seinen Namen lieber verschweigen. Daher nenne ich ihn Jones, wie Sie hoffentlich begreifen werden?«

»Ja, ja, wir tun's«, rief einer.

»Gut«, sagte Jorkens. »Jones pflegte also eine Dame aufzustöbern, die viel Geld hatte, wieviel, das war ihm einerlei – um Einzelheiten kümmerte er sich nicht. Er kümmerte sich darum, ob sie Geld im Überfluß hatte. Natürlich fand er immer Leute, die ihn darüber unterrichten konnten. Und außerdem hatte er einen Uhrmacher an der Hand. Aus Hunderten von Zahnrädchen und kleinen Drähten und Schrauben und auch ein paar Kristallen bastelte er ein Gerät, auf das er viel Mühe verwandte. Dann trug er das Gerät zu dem Haus, in dem eine reiche Dame wohnte, und fragte an der Haustüre, ob er ihr sein Gerät vorführen dürfe.«

»Wurde er dann vorgelassen?« fragte Terbut, der wie immer aufmerksam zugehört hatte, obwohl ich nicht weiß, weshalb eigentlich, denn er hat etwas gegen Jorkens.

»Jones war ein Mann, der überall Einlaß fand«, antwortete Jorkens, »und das war auch der wichtigste Punkt bei seinem Vorgehen.«

»Mit welchem Mittel gelang ihm das?« fragte Terbut.

»Ach – mit dem alten bekannten Mittel«, erwiderte Jorkens.

»Und welches ist das?« wollte Terbut wissen.

»Er fragte den Diener, ob er eine Fünf-Pfund-Note gebrauchen könne!« sagte Jorkens. »Er habe zufällig eine in der Tasche, die er selbst im Moment nicht gebrauchen könne, pflegte Jones zu sagen. Dann stellte er die Kiste, in der sein Gerät steckte, auf den Fußboden der Halle, ließ sich vom Diener nach oben führen und bat die Dame hastig um Verzeihung, falls er ihre Zeit in Anspruch nähme, und erklärte ihr dann, so schnell er konnte, er habe in der Halle unten ein Gerät von der Art der Radio-Apparate, das alle Worte wiedergeben könne, die während der letzten fünfzig Jahre geäußert worden seien. Und daraufhin horchte die Dame natürlich auf, einerlei, was sie vorher im Sinn gehabt hatte. Nun setzte er ihr auseinander, daß alle Laute, die je hervorgebracht wurden, noch immer in der Luft schwebten, obwohl sie natürlich schwächer würden; doch die Worte, die in den letzten fünfzig Jahren gesprochen wurden, besäßen noch heute ein lauteres Echo als die in Schottland abgehörten Atemgeräusche eines Mannes in Paris – obschon man diese Atemgeräusche mittels des Radios in Schottland fabelhaft deutlich hören könne. Nun gab er mit gewinnendem Freimut zu, sein Gerät sei nicht halb so wunderbar wie das Radio, doch begann er jetzt, es zu erklären, und dabei gebrauchte er technische und wissenschaftliche Ausdrücke, wie man sie manchmal in Anzeigen liest, und mit der gleichen Wirkung. Wenn er die Dame vollkommen konfus gemacht hatte, bat er sie, ihr das

Gerät zeigen zu dürfen, und sie ließ es von ihrem Diener holen, und es wurde in den Salon getragen, und natürlich wurde sie noch viel konfuser, als sie die Unmenge von Zahnrädchen und Drähten sah. Jones pflegte ein Weilchen stumm daneben zu stehen, während die Dame das Gerät anstarrte, und dann erklärte er ihr, wie die hochempfindlichen Drähte und Kristalle – obwohl sie nicht so empfindlich wie ihr Philips-Radio seien (oder was er sonst für einen Apparat in ihrem Zimmer sah), wie also diese Drähtchen und Kristalle alle Laute aus vergangenen Zeiten verstärken und für das Ohr jedes heute lebenden Hörers vernehmbar machen könnten, ja, sie richtiggehend wiederholten.

Dann pflegte die Dame meistens zu fragen, ob man das Gerät an dem Ort aufstellen müsse, wo die Worte geäußert worden seien, und er erklärte ihr, nein, das sei nicht nötig, es genüge, wenn man die Scheibe drehe, eine Art Richtungssucher, und danach müsse man eine andere Scheibe drehen, bis man den richtigen Tag und die Stunde hätte. Wie bei sehr vielen Geschäften hing der Erfolg auch hier vom Reden ab. Redet man schlecht, dann kann man den besten Champagner nicht zu Einkaufspreisen loswerden – redet man gut, dann kann man den sauersten Krätzer, mit Chinin gemischt, zu einem Pfund Sterling die Flasche verkaufen. Er sagte ihr, sein

Gerät greife ganz einfach die verhallenden Laute längst gesprochener Worte wieder auf, genau wie auch das Radio alle hörbaren Laute aus der Luft greife und für unser Ohr hörbar mache. Und er erklärte ihr (falls ›erklären‹ das richtige Wort ist), wie seine albernen kleinen Rädchen mit ihren unzähligen Zähnchen die verhallenden Echos multiplizierten, bis sie wieder die ursprüngliche Lautstärke des gesprochenen Wortes erlangt hätten. Wie viele solcher Erklärungen er abgab, weiß ich nicht, aber er gab sie bestimmt in genügender Menge, und wenn die betreffende Dame eine gehörige Portion geschluckt hatte, dann kam er auf den Preis zu sprechen, der, wie er sagte, tausend Pfund betrüge.«

»Tausend Pfund?« rief Terbut.

»Ja«, sagte Jorkens, »und manchmal mehr.«

»Und hat er diese Summe bekommen?« fragte Terbut.

»Er wollte sie nicht haben«, sagte Jorkens. »Im Gegenteil, wenn er glaubte, es bestünde eine Möglichkeit, daß jemand die Summe zahlen könne, dann erhöhte er sie noch bedeutend. Ich werde es Ihnen erklären. Daß er eine so hohe Summe verlangte, führte natürlich zu einem Feilschen um den Preis, und nach einem Weilchen pflegte Jones sich mit den Worten zu verabschieden, er wolle es sich überlegen und am nächsten Tage wiederkommen.

Und dann nahm die Sache eine seltsame Wendung, denn kurz bevor er das Zimmer verließ, sagte Jones, daß er eigentlich gar kein Geld haben wolle, denn sein Wunder-Gerät sei noch nicht ganz fertig. Außerdem stecke all seine Arbeit und sogar alle Berechnung in den kleinen Zähnchen und Rädern, an denen er zehn Jahre lang gearbeitet habe, und wenn diesem Gerät etwas zustieße, dann sei es ihm unmöglich, ein neues zu liefern, wenigstens nicht vor Ablauf von weiteren zehn Jahren, so daß er die Menschheit nicht damit beglücken könne. Und da also dieses Einzelstück so ungeheuer wertvoll und wichtig sei, bitte er, es solange bei der Dame in ihrem großen Haus lassen zu dürfen, wo er es gut aufgehoben wisse, anstatt es noch einmal dem Risiko einer Taxifahrt bis zu seinem eigenen bescheidenen Heim aussetzen zu müssen. Er würde das Gerät bestimmt bald vollendet haben, so daß es in wenigen Wochen gebrauchsfertig sei.

Manchmal zauderte die Dame dann wohl ein wenig, das *Logophon*, wie er es nannte, in ihrem Hause zu behalten; doch wer daran gewöhnt ist, wertvolle Dinge von andern Menschen in Empfang zu nehmen, dem kann man verhältnismäßig leicht etwas Wertvolles übergeben, und der Wert dieses Gerätes war, wie er zu erklären pflegte, von ganz besonderer Art. Und dann – nach nochmaligen warnenden Worten, welchen Verlust es für die Menschheit bedeuten würde, wenn sein Gerät nicht mit der größten Vorsicht aufbewahrt und all die zerbrechlichen Rädchen vor Unfällen behütet würden – verließ er das Haus.

Am nächsten Tage, manchmal auch am übernächsten, kam er wieder: meistens war es der übernächste Tag, damit sie reichlich Zeit zur Verfügung hatten. Er kam, und die Dame floß über vor Entschuldigungen: denn entweder hatte der Diener, den das Gewicht der Kiste übermannt hatte, das Gerät über das Treppengeländer auf die Steinfliesen der Halle unten fallen lassen, oder ein Feuer war ausgebrochen, oder ein junges Hausmädchen hatte vor dem gruseligen Anblick des *Logophons* eine so panische Angst bekommen, daß sie es aus dem Fenster geworfen hatte – einerlei wie, jedenfalls war das Ding in tausend Stücke zerschmettert. Darauf pflegte Jones in Tränen auszubrechen. Er verstand sich ausgezeichnet darauf, zu weinen. Und auf Frauen übt das eine ganz seltsame Wirkung aus, denn Männer weinen ja im allgemeinen nicht. Es war so etwas wie ein singender Tiger. Sie waren einfach nicht darauf gefaßt. Dann fingen sie also an, von einer Entschädigung zu sprechen. Diese betrug meistens gegen zweihundert Pfund. Manchmal bekam er wöchentlich drei Entschädigungen ausgezahlt. Doch gewöhnlich beschränkte er es auf eine Entschädigung pro Woche, und das war gescheit. Er wechselte seinen Standort sehr häufig, denn Frauen sind von Natur schwatzhaft, das ist das Dumme, und man kann ihnen nicht den Mund stopfen. Deshalb reiste er ziemlich viel umher, was er sich ja auch leisten konnte. Und er betrieb die Sache so lange, bis es an der Zeit war, damit aufzuhören. Und dann legte er seinen Gewinn gut an und wandte sich einer anderen Verdienstquelle zu.«

»Aber weshalb gingen die Geräte jedesmal entzwei?« fragte Terbut.

»Das weiß ich leider nicht«, sagte Jorkens. »Doch jedenfalls hat er mir erzählt, daß es stets geschah.«

DAS URTEIL

Ich hatte eines Tages – oder vielmehr eines Nachts – ein abscheuliches Erlebnis«, erzählte Jorkens. »Ein ganz abscheuliches Erlebnis!«

Wir saßen beim Mittagessen im Billard-Klub und waren, scheint's, alle recht froh, daß Jorkens uns eine Geschichte aufdrängen wollte, denn damit unterbrach er den langweiligen Bericht eines Klubmitgliedes namens Teggers, der beim Überqueren der Straße beinahe von einem Taxi überfahren worden wäre.

»Ein ganz abscheuliches Erlebnis!« wiederholte Jorkens. »Ich hatte mich nach einem vollkommen normalen Abendessen zur Ruhe begeben, das heißt normal für diese schlechten Zeiten, und selbst dafür noch einfach genug. Doch kaum war ich eingeschlafen, da träumte mir, daß ich vor Gericht stünde und daß es um meinen Kopf ginge. Aber das war noch nicht alles, sondern ich war mir völlig klar darüber, daß ein ungünstiges Urteil auch vollstreckt werden würde.«

»Ach, bloß ein Traum«, rief Teggers. »Ich wünschte, das Taxi, das mich beinahe überfahren hätte, wär auch nur ein Traum gewesen!«

»Nur ein Traum«, nickte Jorkens, »aber Sie müssen bedenken, wieviel Menschen im Schlaf sterben. Ich habe mich immer gewundert, warum eigentlich, doch nun weiß ich es. Vorhin sagte ich, daß ich das Gefühl hatte, ein ungünstiges Urteil würde auch vollstreckt werden. Es war jedoch mehr als ein Gefühl: ich war überzeugt, daß ich nie wieder erwachen würde, wenn die Schwurgerichtsverhandlung so übel verlief, wie es den Anschein hatte.«

»Sie wußten also, daß Sie träumten?« fragte Teggers.

»Irgendwie mußte ich das wohl wissen«, sagte Jorkens, »und trotzdem war es für mich infame Wirklichkeit, so wirklich, wie wir hier sitzen. Und gleichzeitig wußte ich auf eine mir unbegreifliche Weise, daß es ein Traum war. Mit Träumen ist es eben eine eigene Sache. Doch wie dem auch sei, ich sah es ganz klar voraus, daß die Todesstrafe vollzogen würde. Herzschlag vermutlich. So etwas kann einem ja überall zustoßen, im Schlaf wie im Wachsein. Und wenn man nach der Zahl der Todesfälle geht, die sich während des Schlafs ereignen, dann sind wir eben im Schlaf weit mehr gefährdet als am Tage, wo man herumgeht und mit all seinen Sinnen auf der Hut ist.«

»Wessen waren Sie angeklagt?« fragte Teggers.

»Körperverletzung und schwere tätliche Beleidigung. Wird hierzulande nicht mit dem Tode bestraft. Aber ich war ja auch nicht hierzulande verklagt worden. Ich weiß nicht, in welches Land ich im Traum geraten war. Doch wo es auch sein mochte, ich mußte mich vor einem Geschworenengericht verantworten.«

»Welcher Nationalität?« fragte Teggers.

»Das ist es ja gerade: es war ein seltsamer Traum! Keine bestimmte Nationalität. Nicht einmal Menschen.«

»Nicht einmal Menschen!« riefen ein paar der Anwesenden überrascht aus.

»Nein«, erwiderte Jorkens, »es war ein völlig unparteiisches Geschworenengericht. Denn die Körperverletzung, um deretwillen man mich vor Gericht gestellt hatte, war an einem Hund begangen worden. Deshalb saßen weder Hunde noch Menschen in der Jury, sondern alle möglichen andern Geschöpfe, sogar ein Kaninchen. Alle möglichen Geschöpfe, im ganzen zwölf. Und die Anklage lautete auf Körperverletzung und schwere Mißhandlung, weil ich einen Spaniel besaß, der einen Schwanz hatte, der nie gestutzt worden war, was ich nicht länger mitansehen konnte. Warum, ist mir unklar. Wie so viele andre Leute auch, konnte ich's einfach nicht länger mitansehen. Darum bat ich den Tierarzt, den Schwanz abzuhacken, und das tat er denn auch.

Was *er* daraufhin für Träume hatte, weiß ich nicht. Jedenfalls hackte er ihn eines Nachmittags ab, und kaum war ich am Abend des gleichen Tages eingeschlafen, da verhafteten mich zwei Bulldoggen und

führten mich ab – zu einer Lichtung im Wald, wo mich schon die ganze Jury erwartete. Und dort sollte ich auch verhört werden. Ach, es war ein abscheuliches Erlebnis!

Der Staatsanwalt nahm mich in ein ekelhaftes Kreuzverhör. Ich leugnete nicht, daß der Schwanz auf meinen Wunsch hin gestutzt worden sei. Doch entgegnete ich, daß es dem Hund nicht wehgetan hätte, und daß der Schwanz ihm sowieso nichts nütze. Das Mißliche an der Geschichte war, daß alle Geschworenen Schwänze hatten. Also wurde mein Argument abgelehnt. Ja, noch schlimmer: als ich mich weiter verteidigen wollte, zeigte es sich, daß die Jury über Schwänze genau im Bilde war, und ich wußte natürlich gar nichts. Also ein Punkt, der schwer belastend war. Darum sagte ich lieber, daß der Spaniel nun viel hübscher aussehe. Aber auch das ging nicht durch. Dann sagte ich, daß ich's aus Barmherzigkeit getan hätte, damit ihm kein Dorn in den Schwanz geriete.

Der Staatsanwalt jedoch war ein richtiges Ekel. Er fragte mich, ob mir schon Gliedmaßen amputiert worden seien, wenn mir ein Dorn ins Fleisch geraten sei, oder auch nur vorbeugend, um mich vor Dornen zu schützen. Ein Ekel! Es war natürlich nie der Fall gewesen, denn ich hatte ja noch all meine Glieder und Finger. Er hätte gar nicht erst zu fragen brauchen. Hatte ja Augen im Kopf!

Das sprach also auch gegen mich.

Dann redete er eine Menge Unsinn daher, was für ein grausamer Verlust es sei, und wie es einem Hund schadet, wenn er rennt oder schwimmt oder schläft und sogar (wie er sagte), wenn er sich freut. Mir lag es schon auf der Zungenspitze, zu sagen, das sei alles dummes Zeug, da fiel mein Blick auf die Jury, und ich wurde wieder daran erinnert, wie scheußlich im Nachteil ich war, denn sie hatten ja alle Schwänze.

Der Staatsanwalt schilderte den Sachverhalt besonders kraß. Ich hätte auf alle Punkte mit Leichtigkeit etwas entgegnen können, wie das hier so üblich ist. Doch so unparteiisch sie sich auch gebärden mochten, indem sie keine Hunde zur Jury zuließen, die Geschworenen hatten eben alle Schwänze. Und es hätte gar nichts genützt, ihnen zu sagen, daß sie sie nicht brauchten. Sie hätten's nicht gelten lassen, und es hätte meine Lage nur verschlimmert. Es war ohnehin übel genug.

Der Staatsanwalt stellte also alles sehr belastend dar – schwer belastend. Habe ich erwähnt, daß er ein Tiger war? Ja, ein Tiger. Und trotzdem verstand ich jedes Wort, das er sagte. Merkwürdig, daß im Traum so etwas möglich ist. Aber Traum hin, Traum her, eins wußte ich mit tödlicher Sicherheit: wenn man mich schuldig sprach, würde das Urteil vollstreckt werden, im Traum und in Wirklichkeit. Und was noch schlimmer war: es war ganz klar, daß das Urteil ›schuldig‹ lauten würde, denn ich konnte mich ja nicht verteidigen, weil die Jury zu viel wußte und nicht unparteiisch war.

Ich las es ihnen allen am Gesicht ab. Und ich mußte zugeben, daß die Argumente des verfluchten Kerls – des Tigers, meine ich – schlagend waren. Es war eben ein richtiger Tiger.

So standen die Dinge also. Ich begriff, daß das Urteil vollstreckt und daß es für mich verhängnisvoll enden würde.«

»Wieso wußten Sie das?« fragte Terbut, der sich nun auch einmischte.

»Solche Vorahnungen hat man manchmal«, erwiderte Jorkens, »und in dem Augenblick wußte ich es.«

»Und doch übertrumpften Sie den Tiger und kamen davon?«

»Das besorgte der Verteidiger. Auch ein ekelhafter Bursche. Ein Affe. Ein Affe mit einem endlos langen Schwanz. Sah widerlich aus.«

»Sind Sie ihm denn nicht dankbar?« fragte Terbut.

»Offenbar nicht«, meinte Teggers.

»Nein«, sagte Jorkens. »Es paßte mir nicht, was er über mich sagte. Er bekam mich frei, stimmt. Aber auf eine sehr grobe Manier.«

»Wie hat er Sie frei bekommen?« erkundigte sich Terbut.

»Er nahm mich ins Kreuzverhör und fragte nach

all meinen Gründen für das Stutzen des Schwanzes, und ich beantwortete seine Fragen offen und ehrlich. Anscheinend wollte er mich ausholen. Und es gelang ihm auch. Um die Jury kümmerte ich mich überhaupt nicht mehr.

Ich erklärte ihm, warum Spaniel nicht mit Schwänzen herumlaufen könnten, und daß sie nur einen Stummel brauchten und weiter nichts. Das sagte ich ihm ganz offen. Und so erwirkte der verdammte Affe das Urteil.«

»Was für ein Urteil?« fragten Teggers und Terbut aus einem Munde.

»Schuldig, aber verrückt.«

DIE GESCHICHTE,
DIE DAS GRUSELN LEHRT

E s ist schon geraume Zeit her, seit ich von seltsamen Erlebnissen berichtet habe, wie sie meinem Freunde Jorkens zu begegnen pflegten. Das
kommt daher, weil ich heftigen Vorwürfen von seiten
einer Familie ausgesetzt war, bei der ich ihn einge-
führt hatte. Zwar trifft mich keinerlei Schuld, und ihn
eigentlich auch nicht.

Es hatte so angefangen, daß mir ein Freund sagte,
seine Kinder hörten gerne spannende Geschichten,
woraufhin ich ihnen allerlei von Löwen und Tigern
erzählte, was aber durchaus keinen Eindruck auf sie
machte. Da sie die Bombardierungen miterlebt hatten,
war das auch nicht weiter verwunderlich, und da sie
häufig in den Zoo gingen, standen sie mit den Tieren,
von denen ich ihnen berichtet hatte, auf ganz ver-
trautem Fuße. Nun aber fiel mir plötzlich ein, daß
Jorkens' Begegnungen mit den Raubtieren Asiens
und Afrikas recht erstaunlich sind, so daß seine Erzählungen vermutlich anders wirken würden als
meine. Ich sagte also den drei Kindern meines Freun-
des, daß ich einen erfahrenen Großwildjäger kenne,
dessen Erlebnisse ganz besonderer Art seien, und

fragte meinen Freund, ob ich Jorkens vielleicht gelegentlich zum Tee mitbringen solle. Natürlich hatte ich keine Ahnung, daß Jorkens' Geschichte irgendwie furchterregend sein könne, auch dachte ich nicht, daß diese drei Kinder, deren Alter zwischen zehn und zwölf Jahren lag, sich so leicht fürchten würden.

Die Erlaubnis, Jorkens mitzubringen, wurde bereitwilligst erteilt, und dummerweise baten ihn die Kinder gleich um eine spannende Geschichte, und Jorkens, kaum war er aufgefordert worden, legte auch sofort los.

Und jetzt machen sie mir Vorwürfe! Ich kann nur darauf hinweisen, daß sie darum baten und daß ihre Bitte erfüllt wurde. Ich selber habe mit der Geschichte überhaupt nichts zu tun, außer, daß ich meinen Freund zu ihnen brachte. Ich stelle mir vor, daß es sich folgendermaßen abgespielt haben kann: Jorkens, der sehr feinfühlig ist, muß gespürt haben, daß er hier keinem Menschen Furcht einjagen konnte. Und das muß ihn angespornt haben, seiner Erzählung diesen gräßlichen Schluß anzuhängen, der die Kinder aus dem Zimmer trieb und sie noch lange wach hielt, als sie längst hätten im Schlaf liegen sollen. Man darf auch nicht vergessen, daß sie Jorkens noch nie gesehen oder etwas über ihn gehört hatten, ausgenommen das, was er ihnen selbst erzählte – und in solchen Fällen sind Kinder sehr leichtgläubig.

Also kurz und gut, hier ist die Geschichte, die er ihnen erzählte, sobald er in einem bequemen Sessel saß, vor sich die drei Kinder, zwei Knaben von etwa zehn Jahren und ein zwölfjähriges Mädchen.

Es handelte sich um einen Tiger, und da ich ihnen gerade am Tage vorher eine Geschichte von einem Tiger erzählt hatte, konnte ich mir nicht vorstellen, daß es ihm glücken würde, sie zum Gruseln zu bringen, denn bei mir war's ja ein Reinfall gewesen. Doch nahm ich natürlich an, daß er ihnen eine richtige Geschichte erzählen würde, wie ich es ihn schon so oft Erwachsenen gegenüber habe tun hören, und ich erwartete nicht, daß er einen andern Vortragsstil anwenden würde, um seinen Zuhörern zu gefallen – wenn ›gefallen‹ der passende Ausdruck für die bestürzende Wirkung ist, die er hervorrief.

»Der Tiger«, sagte Jorkens, »hatte mich gewittert und folgte mir sehr gemächlich, als ob er wegen der Hitze nicht gern schneller laufen wollte und genau Bescheid wußte, daß ich es ja auch nicht konnte. – Laßt euch meine Geschichte zur Warnung dienen und begebt euch, wenn ihr groß seid, nie unbewaffnet in die Nähe des Dschungels, und denkt niemals – so wie ich es an jenem Morgen tat –, daß es ja wohl ein einziges Mal nicht gleich so schlimm wäre, vor allem bei einem nur kurzen Spaziergang. Aber es war eben doch schlimm, viel schlimmer, als ihr vermutlich denkt. – Der Tiger war da und folgte mir langsam, und ich ging weiter, und der Tiger folgte mir ein ganz klein wenig schneller, als ich selber ging. Nun war ich mir sofort im klaren, daß, wenn der Tiger auf hundert Meter auch nur um fünf Meter schneller wäre als ich, mir keine Möglichkeit bliebe, mich zu retten. Und ich wußte, daß ich mit Rennen die Sache nur verschlimmern würde.«

»Warum?« fragten die Kinder.

»Darum«, sagte Jorkens, »weil der Tiger sich mir anpassen würde, sobald ich etwas Neues versuchen wollte. Beim Langsamgehen konnte er nur fünf Meter auf je hundert gewinnen, beim Laufen aber fünfzig. Und das ist der Grund, weshalb ich es vorzog, langsam zu gehen, obschon es letzten Endes ja auch nicht günstiger für mich war, denn der Schluß würde sich gleichbleiben, so oder so. Leider waren wir nicht im Dschungel, sondern in der Nähe des Dschungels auf felsigem Gelände; und auf einen Baum durfte ich auch nicht hoffen, denn ich entfernte mich vom Dschungel.«

»Warum?« fragte eins der Kinder.

»Weil der Tiger zwischen mir und dem Dschungel war. Die Tiger kommen abends aus dem Dschungel hervor, und in der ersten Morgenfrühe, wenn die Pfauen erwachen und zu kreischen beginnen, kehren sie wieder zurück. Und jetzt war es früher Morgen, aber die Sonne schien schon seit einem Weilchen, und deshalb glaubte ich, daß alle Tiger längst in den Dschungel zurückgekehrt seien. Darum brach ich also unbewaffnet auf und mußte einsehen, daß ich mich geirrt hatte.«

»Warum wollten Sie einen Spaziergang machen?« fragte das Mädchen.

»Du mußt nie jemanden fragen, warum er etwas getan habe«, sagte Jorkens, »das dann zu einem Unglück führte; denn die Ursache ist immer die gleiche, und niemand möchte das gern zugeben. Immer die gleiche Ursache, wenn ihr's durchaus wissen wollt: nämlich die reinste Unvernunft.«

»Und führte es wirklich zu einem Unglück?« fragte sie.

»Das wirst du bald hören«, sagte Jorkens mit hohler Stimme. »Ich erwähnte schon, daß ich mich in felsigem Gelände befand, es war auch bergig, und der Tiger kam näher. Da entdeckte ich unweit der Kuppe eines kleinen Hügels eine Höhle im Felsen. Natürlich würde ich mir den Rückweg abschneiden, wenn ich hinginge. Aber der Rückweg konnte mir ja auch nicht viel nützen, und wo hätte ich sonst hingehen sollen? Ich hoffte, die Höhle würde schließlich enger werden, bis der Tiger nicht mehr weiter konnte, oder sie würde größer werden und hätte Nebenhöhlen, in die ich vor ihm entwischen könnte.

Diese beiden geringen Aussichten bestanden, und ich wußte eben nicht, wo ich sonst hätte hingehen können. Also bückte ich mich und betrat die Höhle, und der Tiger kam mir nach. Er war noch ein gutes Stück hinter mir. Ich sah, wie das Tageslicht verschwand, als er die Höhle betrat, denn er füllte mit seinem Körper genau den Eingang aus.

Die Höhle wurde enger, und bald kroch ich auf allen vieren. Der Tiger beeilte sich noch immer nicht. Sollte die Höhle noch enger werden, so konnte ich mich vermutlich noch hindurchzwängen, wo es dem Tiger nicht mehr möglich war. Und sie wurde auch ein wenig enger. Aber nicht eng genug. Wir zogen beide weiter über die glatten grauen Steine, und je weiter wir vorrückten, desto dunkler wurde es, bis ich zuletzt die Farbe der Steine nicht mehr erkennen konnte, weil der Tiger das Tageslicht vollständig verdeckte.

Einen kleinen Trost fand ich noch in der Ge-

schichte von dem Mäuse-Skelett, das einst in der Kirchenmauer gefunden worden war, und neben dem ein Katzen-Skelett gesteckt hatte. Die Maus war an einen Ort gelangt, wohin ihr die Katze nicht mehr nachfolgen konnte, aber viel genützt hat ihr das schließlich auch nicht. Ich hoffte, daß der Tiger, falls ich einen solchen Schlupfwinkel fände, vernünftiger handeln würde als die Katze. Aber die Höhle nahm noch kein Ende, und wesentlich schmaler wurde sie auch nicht.

Der Tiger beeilte sich nicht sonderlich, und das machte die Lage noch verzweifelter, denn es schien mir zu beweisen, daß er bezüglich des Endes vollkommen sicher war. Natürlich roch ich ihn schon, denn er holte langsam auf; doch schien mir die Witterung für einen Tiger, der noch volle dreißig Meter hinter mir war, fast zu stark, und so kam mir der furchtbare Gedanke, daß diese Höhle, die mir hätte Schutz bieten sollen, vielleicht die Höhle des Tigers sei. Ja, das schien tatsächlich der Fall zu sein.

Aber dann, nachdem ich noch ein Stück weitergekommen war, faßte ich Hoffnung, daß die Höhle ja bald wieder ins Freie münden müsse, da der Hü-

gel nur klein war. Obwohl es mir ja auch nicht viel hätte nützen können. Doch so töricht es klingen mag, mir kam es logischer vor, beim Langsamgehen im Freien auf hundert Meter fünf zu verlieren –

falls ich das Tageslicht überhaupt je wieder erblickte –, anstatt hier auf allen vieren an Abstand zwischen mir und einem Tier einzubüßen, dem solche Fortbewegungsart ganz natürlich ist. Und außerdem glaubte ich, das unbekannte Gelände jenseits der Hügelkuppe müsse besser sein als das, von dem ich ausgegangen – wie man in solcher Lage wohl gern zu glauben geneigt ist. Ich dachte, vielleicht fände ich einen Baum. Doch verspürte ich keinerlei Luftzug. Nur Witterung vom Tiger – und Dunkel. Da begriff ich, daß ich nie ans Tageslicht gelangen würde.«

Ich beobachtete die Gesichter der Kinder, um festzustellen, ob Jorkens ihre Aufmerksamkeit besser zu fesseln verstand als ich. Zwar hörten sie aufmerksam zu, aber ich konnte nicht bemerken, daß sie irgendwie mehr Interesse als an meinen armen Geschichten zeigten. Da kam mir der Gedanke – doch das war vielleicht ungerecht –, daß die Sympathien des Mädchens, insoweit sie überhaupt welche aufbrachte, auf seiten des Tigers waren. Aber vielleicht war das bloß so ein phantastischer Einfall von mir.

Ich hätte vielleicht noch sagen müssen, daß es Herbst war, daß man das Licht noch nicht angezündet hatte und daß das Zimmer immer düsterer wurde.

Und ich wiederhole, daß es nicht meine Schuld war – ich hatte ja keine Ahnung, was kommen würde.

»Der Tiger rückte ständig näher«, erzählte Jorkens, »und aus der wunderbaren Glätte des Kalksteins hätte ich längst schließen müssen, daß der Gang schon seit langem von den gewaltigen Tatzen eines schweren Tieres poliert worden war. Ja, wohin ich auch mit meiner Hand getastet hatte, sie war auf keine scharfe Kante gestoßen. Und dann endete der glatte Gang vor einer senkrechten, glatten Felswand ohne jede Ritze oder Spalte oder eine Fortsetzung nach rechts oder links. Es war das Ende der Höhle. Ich drehte mich im Dunkeln um und roch den Tiger«, sagte Jorkens, dessen Stimme leiser und leiser geworden war.

»Und dann?« fragte einer der beiden Knaben.

»Dann – fraß er mich«, schloß Jorkens. »Denn der hier mit euch spricht, ist – ein Geist!«

Und alle Aufregung, die nun in dem düsteren Zimmer ausbrach, wird lediglich mir in die Schuhe geschoben.

JORKENS, DER UNBESIEGBARE

Ich habe schon mehr als einmal darüber geklagt, daß gewisse Mitglieder im Billard-Klub auf recht unsportliche Art immer wieder versuchten, die Unterhaltung auf Gebiete zu lenken, wohin ihnen Jorkens ihrer Ansicht nach nicht zu folgen vermochte. So haben sie manchmal, wenn sie befürchteten, Jorkens wolle wieder eine Erinnerung aus Afrika zum besten geben, selber Geschichten von den Polarländern erzählt oder Probleme der Stadtverwaltung besprochen. Aber zu guter Letzt haben auch sie, wie es ja schon lange auf der Hand lag, endlich einsehen müssen, daß Jorkens sich durch solche unsportlichen Machenschaften nicht aus dem Felde schlagen läßt, und von jetzt an brauche ich mich wahrscheinlich nie wieder darüber zu beklagen.

Ich begriff es sofort, als ich neulich in den Klub kam und Jorkens schweigsam an unserm Tisch vorfand, während Terbut gerade begonnen hatte, eine Geschichte aus Ostindien zu erzählen. Da wir alle wissen, daß Terbut nie Reisen unternommen hat, und da keiner die Geschichte anzweifelte, wurde es mir klar, daß er sich sozusagen auf Jorkens' Jagdrevier begeben hatte, anstatt zu versuchen, die Unterhaltung in andere, entgegengesetzte Bahnen zu lenken.

»Ja«, sagte Terbut, »da ging ich nun also durch das indische Städtchen, und zwar mitten über den Markt.«

»Was für eine Stadt war es?« fragte Jorkens.

»Oh, eins von jenen Städtchen, die manchmal in Zeitungsmeldungen erwähnt werden«, erwiderte Terbut und fuhr so schnell in seiner Erzählung fort,

daß Jorkens sich nicht noch einmal bemühte, ihn zu unterbrechen.

»Ich ging über den Markt,« erzählte Terbut, »und zwar mit einem Mann, dessen Namen ich vergessen habe, aber ich glaube, er hieß Marmaduke-Potheringall. Ich hatte ihn unterwegs kennengelernt, wie das so auf Reisen geht, auf einem Schiff vermutlich, doch wo, das habe ich vergessen. Es ist schon lange her. Und auf dem Wege zur Stadt, etwa eine halbe Meile außerhalb, hatten wir einen Fakir getroffen, der am Straßenrand saß und ein aufgerolltes Seil neben sich hatte. Für den Seiltrick natürlich. Und nun sprachen wir noch über ihn und sagten, es sei lächerlich, so zu tun, als ob an dem abgeklapperten alten Trick etwas Wahres dran sei. Und Marmaduke-Potheringall, oder wer es nun gewesen sein mochte, gab mir recht, wie es jeder andre vernünftige Mensch auch getan haben würde. Und ich sagte, es sei alles Unsinn. Doch dann bemerkte ich, wie ein oder zwei Männer in den Marktbuden von ihren Auslagen hochblickten, und andre, die vorbeischlenderten, schienen ebenfalls aufzuhorchen, bis mir klar wurde, daß jeder, der auch nur ein klein wenig Englisch verstand, sich anhörte, was wir sagten. Daher dämpfte ich meine Stimme etwas, um so mehr, weil mir schien, daß die Leute an meiner Einstellung Anstoß nahmen – falls man überhaupt erraten kann, was solche

Leute denken. Doch mein Begleiter, wer's nun auch gewesen sein mochte, fand es offenbar richtiger, daß ihr umnachtetes Gehirn mal ein bißchen aufgeklärt würde. Deshalb sprach er lauter als vorher und wiederholte dauernd, der Seiltrick sei nichts als ein verdammter Bluff und Unsinn. Nun hielt man aber anscheinend in jenem Städtchen den Fakir und seinen Seiltrick für heilig, so wie andernorts die weißen Kühe und Affen und Pfauen und all solch Zeugs. Denn die Blicke der Menge wurden unverkennbar immer zorniger, und je lauter seine Stimme wurde, desto mehr Leute hörten zu, und es genügte nicht länger, daß ich meine Stimme dämpfte, daher fand ich, es sei gescheiter, ihm zu widersprechen. Und das tat ich denn auch und sagte zu ihm, der Seiltrick sei ein großartiger Trick und ein ausgezeichnetes Beförderungsmittel für Heilige, die hoch hinaus wollten. Doch wie sehr ich mich auch anstrengte, die Lage wurde dadurch nicht die Spur besser, denn als ich es behauptete, wurde mein Begleiter wütend und sprach noch lauter und sagte, alles sei Blödsinn, und redete immer so weiter, und noch viel lauter als vorher. Immer mehr Leute schauten auf uns, bis der ganze Basar zuhörte, und alle waren empört, und ich sah's, die wenigen, die Englisch verstanden, hatten es den andern erzählt, was dieser Ausländer da behauptete, und das Gerücht verbreitete sich unglaublich schnell, und wir beide waren allein mitten in der feindseligen Menge, und der Mensch redete weiter und weiter. Ich versuchte, ihm von neuem zu sagen, es sei ein glänzender Trick, aber das machte ihn nur noch wütender. Und je zorniger er wurde, desto lauter schrie er. Es war eine ekelhafte Situation.

Ich blickte mich nach allen Seiten um und sah – und spürte vor allem –, daß es höchste Zeit war, fortzugehen, und ich sagte es zu Marmaduke-Potheringall, oder wer es nun auch gewesen sein mochte, und er hatte Verstand genug, es einzusehen, und wandte sich zu dem engen Durchlaß in der Mauer, durch den uns unser staubiger Pfad bis zum Basar geführt hatte.

Jedoch das Unvermeidliche geschah: die ganze Menge kam in Bewegung und stürzte sich auf uns.

›Es ist ein glänzender Trick‹, schrie ich, ›es ist ein glänzender Trick!‹

Ob mich das rettete oder nicht, weiß ich wirklich nicht. Eher glaube ich noch, daß ich gerettet wurde, weil sie alle hinter ihm her waren. Ich verdrückte mich seitwärts, kaum hatten wir den Durchlaß hinter uns, und als ich merkte, daß die Menge wußte, hinter *wem* sie her war, da entschlüpfte ich ihnen in die Seitengassen hinein und wurde nicht weiter belästigt. Der andre jedoch hatte offenbar einen ganz guten

Schritt am Leibe, und ohnehin kann ein einzelner viel schneller als eine Menge laufen, so daß er ihnen gute hundert Meter voraus gewesen sein muß, als er zu dem Fakir gelangte, an dem wir auf dem Hinweg vorbeigekommen waren, und der noch immer am Straßenrand neben seinem aufgerollten Seil saß. Und ich hörte, wie mein Gefährte dem Fakir etwas zurief, und es klang wie ›Verzeihung! Verzeihung! Ich bin nur ein armer Unwissender aus Europa und verstehe nichts von der Weisheit des Ostens. Ich habe mich geirrt, Verzeihung!‹

Und der Fakir schien ihm zu vergeben, oder vielleicht lehrte er auch, stets allen zu vergeben, genau wie wir es tun, und er handelte danach, wie wir es nicht tun. Denn er warf das Seil hoch, und es stand kerzengerade in der Luft, wie eine Schlange, die im Begriff ist, zuzustoßen, und der Weiße, wer es nun auch gewesen sein mochte, kletterte an dem Seil in die Höhe und war verschwunden, und von oben warf er noch dem Anführer der hastenden Menge, die gerade anlangte, das Seil an den Kopf.«

In der völligen Stille, die auf seine Erzählung folgte, bemerkte Terbut, daß Jorkens ihn vom andern Ende des Tisches mit festem Blick ansah.

»Sie denken wohl jetzt, ich sei nie in Indien gewesen, Jorkens?« rief Terbut.

»Im Gegenteil«, erwiderte Jorkens. »Ich weiß,

daß Sie dort waren, Ihre Geschichte entspricht durchaus der Wahrheit. Ich kann es beweisen.«

»Oh!« rief Terbut.

»*Ich* war der Reisebekannte, den Sie getroffen hatten und der Sie auf jenem Gang begleitete – und durchaus nicht Marmaduke-Potheringall. Und ich kann Ihnen verraten, daß ich gerade noch rechtzeitig verschwand.«

Irische Literatur
im Diogenes Verlag

ERSKINE CHILDERS
Das Rätsel der Sandbank
Roman. Deutsch von Hubert Deymann.
Mit 4 Karten der deutschen Nordseeküste. detebe 92

LORD DUNSANY
Smetters erzählt Mordgeschichten
Fünf Kriminalgrotesken. Deutsch von Elisabeth Schnack.
Mit Zeichnungen von Paul Flora. detebe 190/1

Jorkens borgt sich einen Whisky
Zehn Clubgeschichten. Deutsch von Elisabeth Schnack.
Mit Zeichnungen von Paul Flora. detebe 190/2

SHERIDAN LE FANU
Carmilla, der weibliche Vampir
Eine Vampirgeschichte. Deutsch von Helmut Degner.
Mit Zeichnungen von Edward Ardizzone. detebe 189

BRIAN MOORE
Die große viktorianische Sammlung
Roman. Deutsch von Alexander Schmitz

Katholiken
Roman. Deutsch von Elisabeth Schnack. detebe 178

EDNA O'BRIEN
Das Mädchen mit den grünen Augen
Roman. Deutsch von Margaret Carroux

Das Liebesobjekt
und andere Erzählungen. Deutsch von Elisabeth Schnack

X, Y & Zee
oder Deine Freundin ist bezaubernd. Deutsch von Elisabeth Schnack

Plötzlich im schönsten Frieden.
Roman. Deutsch von Margaret Carroux

SEAN O'CASEY
Ich klopfe an
Autobiographie I. Deutsch von Georg Goyert (auch als detebe 150/1)

Bilder in der Vorhalle
Autobiographie II. Deutsch von Georg Goyert

Schöne Geschichten
im Diogenes Verlag

Diogenes Taschenbücher
Numerisches Verzeichnis

detebe-Kassetten

Titel mit * sind Erstausgaben oder deutsche Erstausgaben.
Titel mit o sind auch als Studienausgaben empfohlen.

Diogenes Kinder Taschenbücher

mini-detebes

kinder-mini-detebes